U0090678

中國学術思想 研究輯刊

二二編

林慶彰 主編

第15冊

馬其昶《莊子故》研究

林柏宏 著

花木蘭文化出版社

國家圖書館出版品預行編目資料

馬其昶《莊子故》研究／林柏宏 著 -- 初版 -- 新北市：花木蘭
文化出版社，2015〔民 104〕
目 2+162 面；19×26 公分
（中國學術思想研究輯刊 二二編：第 15 冊）
ISBN 978-986-404-372-9（精裝）
1. 莊子 2. 研究考訂
030.8　　　　　　　　　　　　　　104014686

中國學術思想研究輯刊
二二編　第十五冊　　　　　　ISBN：978-986-404-372-9

馬其昶《莊子故》研究

作　　者　林柏宏
主　　編　林慶彰
總 編 輯　杜潔祥
副總編輯　楊嘉樂
編　　輯　許郁翎
出　　版　花木蘭文化出版社
社　　長　高小娟
聯絡地址　235 新北市中和區中安街七二號十三樓
　　　　　電話：02-2923-1455 ／傳真：02-2923-1452
網　　址　http://www.huamulan.tw 信箱 hml810518@gmail.com
印　　刷　普羅文化出版廣告事業
封面設計　劉開工作室
初　　版　2015 年 9 月
全書字數　129393 字
定　　價　二二編 22 冊（精裝）新台幣 40,000 元
版權所有・請勿翻印

馬其昶《莊子故》研究

林柏宏　著

作者簡介

林柏宏，臺灣台北人，1984 年生。世新大學中國文學系碩士班畢業，現為國立臺灣師範大學博士候選人，研究領域為莊子、易經、詮釋學。

提　要

　　清代學者馬其昶，被譽為桐城派殿軍作家，其學遍及經史子集，著有《莊子故》一書，而享譽盛名。其稟受漢學家學，並師承桐城，故有漢宋兼具的治學色彩。由於治學不囿門戶，故《莊子故》能採集 193 種文獻資料，而為清代採集最博之《莊子》注本。

　　注釋間的歸納與比較，為本文最主要的探究方法。透過歷代莊學注本的比對，檢視《莊子故》的注釋效力，並藉此凸顯其思想內容的準確性以及侷限性。就訓釋內容而言，此書一方面存著大量文獻考訂、音義辨析；另一方面也注重章節篇旨的架構聯繫，透過不同進路之琢磨，以宏觀之視野對莊子思想進行考察。然有承桐城派雅潔宗旨的影響，其資料經過大量刪汰、精鍊與修訂，逐漸鎔鑄為馬氏注莊思想的一家之言。

　　與同時期注本相較，馬氏《莊子故》不同於王先謙《莊子集解》訛誤甚多而有待修訂，亦不同於郭慶藩《莊子集釋》多取他人意見而少自己見解（且多排抑宋明學者意見）。《莊子故》無論就訓釋規模或注釋效度來看，其價值實皆超出同時期著作。

　　《莊子故》逐漸不傳的原因，並非在於學術價值不高，而在於分別為嚴復《莊子評點》、錢穆《莊子纂箋》與胡遠濬《莊子詮詁》作為藍本來參考，以隱流之形式保存於後代著述而傳承至今，再加上王叔岷先生《莊子校詮》集大成之勢，馬氏《故》之式微也就成為必然趨勢。評介此書之學術內容與價值意義，正是本文所著力的地方，然亦藉由此書的研究，釐清近代莊學注解的發展脈絡，並對《莊子》思想的疑義內容，作一嘗試性的解決，也算是以當代視角，對莊學相關問題，盡上一分文本詮釋的努力。

謝　詞

　　這份研究之所以能順利完成，得歸功於許多師友的鼓勵與栽培。首先得感謝指導老師莊耀郎先生，奠定了柏宏莊子學的一切基礎，倘若沒有這方面思想體系的確立，要對莊學問題做出任何精確判斷，都是難以可能的。此外，老師肩負十多位研究生的指導責任，儘管工作量驚人，仍不辭辛勞地細批論文，總在關鍵處給予叮嚀與指正，對此，柏宏感激不已。此外，也感謝口試委員王志楣老師、吳順令老師的諸多包容與提點，讓人受到鼓舞之餘，更能省思不少應當改進的缺陷。

　　感謝世新的諸位老師。在碩士班這段日子裡，張亨老師、洪漢鼎老師給予學生思辨上的訓練，齊益壽老師、劉文起老師給予學生治學方法的扎根，以及張壽安老師、許進雄老師、鄭清茂老師、簡宗梧老師等幾位先生，分別給予不同領域專業知識的指導，讓學生總能清楚掌握方法，有系統地瞭解不同領域的知識發展，並造就使人能獨立思考的治學根柢。當然，最感念的，莫過於洪國樑老師與程元敏老師在不同時期給予學生的鼓勵。由於自己在大學時期並不認真，加上本身資質魯鈍，初進研究所時，總倍感艱辛。然而洪、程兩位老師始終都不曾放棄過學生，而多方面地給予支持。洪國樑老師給予了令人稱羨的師資陣容，在這種環境裡，能夠迅速掌握要點，少走許多冤枉路。而程元敏老師則是一直默默支持、包容著學生，充分答覆學生任何知識問題，並給予最真切的態度示範。老師的信念與用心，是支撐學生度過每一個沉默、苦悶日子的最大動力。

　　除此之外，也感謝外校老師所給予的指導。在林安梧先生、劉笑敢先生

與胡正之先生那裡，讓人接觸到不同學風的刺激，而有另一番的檢驗與思考。此外，學習過程裡不僅稟受老師的恩惠，朋友方面也多有受益。最感謝的，就是蔡郁焄學姐。學姐總耐心地與人討論學術上的各種疑義，並提出諸多建設性思考，讓柏宏總有不少思維上的啟發。透過這些對話，讓日子總帶有著不少驚奇，而值得期待。

除了學術領域師友的栽培，也感念世新武學社所給予的成長與鍛鍊，讓自己逐漸有意志力與耐力的生成，去承擔往後獨立研究時的各種壓力。也感謝龍鑫影印店張耀中夫婦，時常給予學生諸多生活上的照料與叮嚀。最後，感謝我的父母林財盛先生、劉鐘蓮女士與外婆張守貞女士，他們的慈愛與付出，著實難用筆墨言喻，柏宏能有今日的一切，不僅是依靠師友的幫助，自身背後，實有著家人不辭辛勞地默默支持。看著雙親、外婆日漸衰老，自己清楚得更加獨立，更加用心照顧家人，以回報家人多年養育栽培的苦心。

以上所述，多有疏略，在此致歉。然透過這段往事的回顧，體會到自己確實相當幸運，能遇上這些人，能走這條學術的路。在碩士班畢業前夕，謹獻上最誠摯的感謝，並期許自己繼續努力，不辜負師友、家人的期望。這條路柏宏將會繼續走，並且認真地走下去。

目

次

前　言

第一節　研究動機與目的

　　錢穆《莊子纂箋》對於歷代莊學論著，有一段題解描述，其中，錢穆對馬其昶《莊子故》評價甚高，以其著作可謂漢、宋兩學兼備，並坦言《莊子纂箋》即以《莊子故》為藍本所寫成。當瞭解錢穆對此書之評價與繼承後，筆者對馬其昶起了濃厚的興趣。

　　有意思的是，近代學者郎擎霄的《莊子學案》與黃錦鋐先生的《六十年來之莊學》，皆曾對此書的內容與性質做了說明。透過黃錦鋐先生的介紹更可得知，此書不僅為錢穆所繼承，亦與胡遠濬《莊子詮詁》、嚴復的《莊子評點》有著具體的學術傳承。而王叔岷先生在其《莊子校詮》裡，也對馬其昶的註釋給予評價上的肯定。

　　但值得注意的是，有別於《莊子纂箋》及其他莊學注釋本，馬其昶《莊子故》在今日，其實流傳並不廣，學術界偶有引用，然始終未曾有過專門的研究。一般定位馬其昶為桐城派殿軍作家，著重點多在於文學領域上的意義，而罕及思想研究與其他類型著作的貢獻，且近代在歷經五四運動、文化大革命等對傳統的激烈批判後，馬其昶更是隨著桐城派之消殞而罕為人知。此書雖於莊學學術史上有其重要性，但逐漸隱沒卻是不爭的事實，對此，筆者所著力的地方，即此書的註釋效力如何與學術史的定位為何的問題。並欲藉著馬其昶的研究，展開對於清代桐城派學術內容的思想探究，在理解其性質與價值之後，從而省思並銜接當代莊學史的一個發展脈絡。

第二節　研究方法與範圍

　　本文以馬其昶《莊子故》為研究核心，作兩種層次的論文思考。一是馬其昶《莊子故》本身的介紹，二是透過馬其昶《莊子故》，聯繫莊學相關問題的探討。前者以作者生平背景、著作本身的形式特點等幾個面向作展開，後者則以注釋效力的檢視、歷史傳承的定位作一探索。以下以章節為單位作一闡述：

一、前言表明寫作動機、研究方法，並對馬其昶《莊子故》研究現況與評價作一說明，藉由近代論著的聯結，呈顯此書學術傳承的歷史意義。

二、首章知人論事，專題介紹馬其昶生平背景及其相關著作的流傳，一方面欲求釐清其著作宗旨，一方面藉由理解背景一途，增加對此書的理解條件。

三、第二章「文獻學基礎」，考察《莊子故》的取材範圍，以及文獻學方面的價值。

四、第三章「以訓注莊」，首先釐清其漢學派家學，接著考察其訓釋特色，最後透過歷代注釋的比對，檢驗《莊子故》的注釋效力，並藉由這方面的探討，對《莊子》疑義作一嘗試性的解決。

五、第四章「以文解莊」，首先考察桐城派的師承聯繫，接著探究其題解與段落提要的理論，並藉此鈎勒出馬其昶對《莊子》全書思想架構的判斷。

六、第五章「義理闡《莊》」，針對馬其昶的莊子思想作一核心介紹，以幾個重要觀點構成其思想體系，並針對「儒道會通」的詮釋風格作一申論。

論述方式皆先以知人論事的介紹作開始，而後進入文本的考察。各章之間，將以文獻學基礎展開，至以訓注莊，再至以文解莊，最後到思想闡發。理念在於使文本視野由局部擴展到整體，由字義至章法，又由章法到思想，來作逐步的釐清與介紹。

　　文獻學部份，由於涉及校勘學領域，故以王叔岷先生《莊子校詮》為主要參考書目。至於「以訓注莊」一章，涉及注釋效力判斷的部份，則擴大檢驗的標準，憑藉歷代莊學注釋作為參照系以茲比對。論文各章節間依問題意識、方法思維與材料性質的不同，而有參考書目、探究方式的調整。此外，

原文皆取用於《莊子故》，異體字、誤字亦收錄之，如有文本疑義，會增注說明。值得注意的是，對於《莊子故》中馬氏所引用的任何資料，筆者都認為是馬氏長期揀擇消化 193 家各家意見後的成果，已非任何單一史料的作者意圖所能概括。所以馬氏引文將與馬氏案語等量齊觀，不煩逐一說明何為引用何為案語，而皆視為馬其昶個人思想與詮釋內容的表達。

第三節　前人研究與評價之探討

考察近代莊學相關資料，所存的多是對馬其昶《莊子故》作提要性質的介紹，篇幅不大，罕有深入的專題研究。就《莊子故》的相關研究來看，目前唯有大陸學者熊雋〈論馬其昶的以儒解《莊》〉一文。〔註 1〕熊雋文中，對於馬氏著作背景、師承脈絡、治學風格與儒道會通的論析均多允當，可惜篇幅僅五頁，論述過於簡要，以介紹為主，未能較全面地或深入地闡析。然所論準確，論證不多，卻頗能把握要點來體現馬其昶的思想旨要，就《莊子故》研究來說，屬草創期研究，至今仍有其參考的價值。

至於提要性的介紹，近代有提及者，有錢穆《莊子纂箋》、郎擎霄《莊子學案》、王叔岷先生《莊子校詮》、黃錦鋐先生《六十年來之莊學》與方勇《莊子學史》，其餘則是期刊文章的零星提及。以下稍作說明。

首先是錢穆《莊子纂箋》，其書前對歷代莊學著作，有作一概括性的點評。其於清代述評處，提及馬其昶：

> 馬其昶。有《莊子故》。此書自郭《注》、陸《音義》、成《疏》、焦氏《翼》下及清儒，采擷最廣，淘洗亦精。較之郭氏《集釋》、王氏《集解》，又見超出。蓋馬氏得桐城家法，能通文章義趣，又兼顧宋儒義解，不婟婟於訓詁考覈。然於莊子哲理，則尚嫌涉測未深。本書乃就馬書為藍本，而加增補修訂，然李光弼入郭子儀軍，壁壘旌旗，非復舊觀。未敢掠美，特著於此。〔註 2〕

錢穆認為《莊子故》，采擷具廣度，揀擇具深度，資料取材方面值得肯定而賦予比同時期著作（郭慶藩、王先謙之注釋）更高的肯定。錢氏認為馬氏承桐

〔註 1〕熊雋〈論馬其昶的以儒解《莊》〉（湖北大學學報（哲學社會科學版），三十六卷第二期，2009 年）。
〔註 2〕錢穆《莊子纂箋》（台北：東大圖書公司，1993 年四版）頁 6。

城家法，能解《莊子》旨趣，又兼顧宋儒意見，而不侷限於訓詁考據之局面。不過，《莊子故》之思想義蘊，錢穆「尚嫌涉測未深」，以此爲其弱處。所以錢氏《莊子纂箋》以馬氏爲藍本，應當是就《莊子故》資料之廣度與見識上的不拘門戶而有的選擇，從而以此爲基，作一義蘊上的補足與發展。對此，郎擎霄《莊子學案》則認爲：

> 通伯亦邃於老莊學者也，著有《老子故》、《莊子故》等書，訓詁精詳，畫章明確。又時於古今通人述《莊》之微言大義，附注尤徵宏識，其博采各注，自具鑑揰，意非深於文者莫能也。〔註3〕

郎擎霄認爲馬氏精於訓詁，又通各章要旨要，其博采眾注下卻又能有精鍊揀擇，具備宏觀見識來選用古今通人述《莊》之微言大義，並對這些資料充分消化，而鎔鑄成一家之言。郎擎霄同錢穆一樣，肯定其資料蒐集之廣度與揀擇之深度，不過不同的是，郎擎霄注意到，馬其昶對這些資料的消化，並形成一完整而一貫的思想內容。在哲理方面，爲何錢氏會有理解上的不同，而嫌其哲理「涉測未深」？有可能是博采約取的形式呈現，多少侷限了馬其昶對於莊子思想的深入闡發。

對此形式呈現，王叔岷先生指出，錢穆爲避免注釋過詳導致隔斷文義，而力主簡潔扼要，其引諸家之說，多僅引結論而已。此雖使行文朗暢無礙，卻也使讀者難以知曉引文背後的論據。此雖無難於博學廣覽之士，卻不便於初學。〔註4〕錢氏之「簡」有承馬其昶，然馬氏《故》實更爲簡要，其義蘊之簡略難知可想而知。對此，王叔岷先生爲有便於初學，故不同於錢、馬之體例，力求其詳而寫成《莊子校詮》數冊之書，以供後人研究之便。

此外，注意到馬其昶的還有黃錦鋐先生，其著有〈六十年來之莊學〉，試圖對各家莊學著作作出定位與評價。黃氏認爲馬其昶之《莊子故》，既不同於王叔岷先生文獻學性質爲主的「校勘類」，也不同於嚴復、吳康等有西哲背景的「哲學類」，而是與王先謙、錢穆、胡遠濬同屬於「義理類」。〔註5〕就「義理類」領域的著作來觀察，可發現其「儒道會通」的色彩相當濃厚，此種風

〔註3〕郎擎霄《莊子學案》（上海：上海書店，1991年出版）頁363。

〔註4〕王叔岷先生《莊子校詮》（台北：中央研究院歷史語言研究所，2007四版）頁4。

〔註5〕黃錦鋐先生〈六十年來之莊學〉收入於程發軔主編《六十年來之國學》（台北：正中書局，1977年，再版）第四冊，頁205～215。又收入於黃錦鋐《莊子及其文學》（台北：東大圖書，1984年再版）頁253～259。

格馬其昶雖然未若王先謙、錢穆般強烈，但多少也具備這樣的色彩。此外，錢穆與胡遠濬皆以馬氏《故》爲藍本，黃錦鋐先生也可能就此而同歸一類。至於嚴復的《莊子評點》雖然也以《莊子故》爲藍本，但黃氏以其西方哲學色彩較濃，另歸於「哲學類」。不過，對於義理類「儒道會通」的內容爲何，黃錦鋐先生未就著作內容作思想上的探析，而是以引用資料的性質來作間接判定。所以馬其昶《莊子故》的思想價值，其實依舊未有深入的分析探究。

　　不過，觀察胡遠濬《莊子詮詁》，不少思想皆源自馬其昶《莊子故》的注解思考，例如：認爲莊子同孟子一樣有救世之情，因爲莊子要破儒家之執，故立詞不得不異，然其要旨實同。〔註6〕馬氏從史學角度、理論結構與實踐之面向，將莊子與儒學作聯繫，不過，儘管有著儒道會通之思考，但這顯然並不影響其訓釋之準確性。

　　最後，我們可以留意當代學者方勇所作的述評。方勇在其《莊子學史》，將桐城學派莊學獨立一章來討論，可謂前所未有之卓識。方勇並馬其昶《莊子故》與桐城學風相聯繫，指出《莊子故》的題解約有 2/3 是引用前人解說，而這些解說裡桐城學者又佔 1/3 以上，這是任何一部著作都不曾有過的。〔註7〕方勇以此來界定馬其昶對桐城治莊一脈的繼承與發展，認爲馬氏之所以有儒道會通之色彩，實與桐城派之理學色彩脫不了關係。

　　此外，方勇亦注意到馬其昶《莊子故》所呈現的考據風格，但是，由於方氏過於重視桐城派的聯繫，以至於將此皆歸類於桐城派的傳統學風。然就筆者考察，儘管姚鼐標舉義理、辭章、考據三者並重的口號，但相較於當時其他學派，桐城學派對於考據方面的貢獻與發展，其實並不算突出，所以這方面對馬其昶的影響其實有限。倘若要追溯源頭，應當還是探究到馬氏漢學家學的淵源較爲合理，其祖父輩馬宗槤、馬瑞辰都是著名的漢學家，在家學淵源的薰陶下，其明顯有著文獻、考據方面的訓練與傳承。由此也可看出馬其昶之所以能不拘門戶博採群籍，實歸功於師承與家學有著宋學與漢學的相融。

　　以上，是馬其昶《莊子故》的相關述評。郎擎霄、錢穆與方勇所作的提要，已初步點出了《莊子故》的著作性質與內容，而黃錦鋐先生則說明了其學術傳承上的意義，然而可惜的是，此種述評，只能作提要式描述，而未能

─────────────────────

〔註6〕胡遠濬《莊子詮詁》（台北：台灣商務印書館，1980年再版）頁8～9。
〔註7〕方勇《莊子學史》（北京：人民出版社，2008）第三冊，頁206。

作深入探討。由於至今尚未有《莊子故》的專題研究，所以此書相關之二手資料較少，所以筆者將扣緊一手資料之掌握，從《莊子故》本身著眼，分析其案語與引文，並透過馬其昶其他著作的補充，來為此書之內容與性質，作一定位上的釐清與評價，以補足莊學史中的一段發展脈絡。

第一章　馬其昶的生平及其著述

第一節　馬其昶生平及其爲人

一、生平簡述

　　馬其昶字通伯，晚號抱潤翁，安徽桐城人，生於清咸豐五年，卒於民國十八年（1855～1929）。〔註 1〕其先祖在固始，姓祝氏，後居六安，姓趙氏，明永樂中遷桐城，遂姓馬氏。〔註2〕爲翰墨世家，其祖馬宗槤、馬瑞辰皆清代著名漢學家。其昶父馬起升，字愼，號愼庵，幼學於世父馬篠湄，稍長，爲諸生，又從同縣方植之、蘇欽齋、戴存莊諸先生受學，爲詩古文，守鄉先輩方苞、姚鼐義法。〔註3〕妻張氏，生子多殀，惟通伯存。馬其昶自幼聰穎好學，補諸生，鄉試未及，捐資助河工，奏獎中書科中書。少學古文辭，師事桐城派作家方存之、吳汝綸，其文日工。同治十三年（1874），由吳汝綸介紹，謁鳳池書院山長張裕釗，賦詩一首，莊諧雜出，言「得之桐城者，宜還之桐城」〔註4〕，張氏大喜，賦詩爲答，時年僅 21 歲。

〔註 1〕筆者以陳祖壬〈桐城馬先生年譜〉、《桐城縣志》、《桐城文化志》、《抱潤軒文集》爲主要參考資料，並參酌錢基博《現代文學史》、孫維城先生〈馬通伯《抱潤軒文集》《遺集》墓誌、壽序類淺評〉。內容方面，陳祖壬〈桐城馬先生年譜〉記載較繁，《桐城文化志》記載較簡要，間有出入處，筆者以〈年譜〉爲主，並與《縣志》《文集》互爲參照。

〔註 2〕〈先考姚蓮花岡墓誌〉《抱潤軒文集》自印版，卷七，頁 68。

〔註 3〕錢基博《現代中國文學史》（台北：文海出版社，1981 年出版）頁 146。

〔註 4〕〈書張廉卿先生手札後〉《抱潤軒文集》自印版，卷三，頁 24～25。

馬氏意氣甚盛，蒐羅眾說，潛思精學，屢得新意。爲文不逾桐城先輩所傳之法，32 歲，撰《桐城耆舊傳》，此書採錄明清 500 年史實，900 餘人物，實桐城一脈之重要文獻。〔註 5〕42 歲（1896），授經安慶藩司署中。43 歲（1897），〔註 6〕主講廬江潛川書院。47 歲（1901），授經合肥李仲先家。〔註 7〕53 歲（1907），力襄吳汝綸辦學，出任桐城中學堂堂長。59 歲（1913），曾主安慶高等學堂。60 歲（1914）入都，簡充京師大學堂教習。袁世凱復辟，意圖延攬之，馬氏堅拒不就，慨然南歸。不久袁政權宣告覆滅。62 歲（1916），復入京，應聘爲清史館總纂，然趙爾巽徒喜其名，不重其能，使馬氏有職無權，僅撰《清史稿》〈光宣列傳〉一篇，修訂〈文苑傳〉等文獻，然凡一代名臣碩儒遺聞軼事搜求極勤，撰稿頗豐，褒貶矜慎。

馬其昶散文簡淡，是桐城末期的代表人物。30 歲以前，以古文名，著有《抱潤軒集》，學者陳三立推爲曾國藩、張裕釗而後第一人，〔註 8〕章炳麟亦許爲「能盡俗」。〔註 9〕30 歲以後，專治群經，旁及子史，編纂選述，數十年如一日。著作凡 300 卷，經學有《周易費氏學》、《毛詩學》、《尚書誼詁》、《禮記讀本》、《大學中庸孝經合誼》；史學有《桐城耆舊傳》、《左忠毅公年譜》，並參與《清史稿》〈儒林傳〉與〈文苑傳〉的編纂；諸子百家有《老子故》、《莊子故》、《屈賦微》、《金剛經次詁》；自著文集有《桐城古文集略》、《抱潤軒文集》、《抱潤軒續集》、《存養詩鈔》、《佩言錄》。

馬氏晚年病瘁，鬢髮盡白，然治學仍一絲不苟。〔註 10〕卒後葬於汪河山麓。〔註 11〕陳三立銘其墓曰：「岳之先正，桐城舊鄉，君殿末運，翕合逾張。

〔註 5〕若據《桐城縣志》的記載，通伯是 31 歲時以《桐城古文集略》得名，而〈年譜〉未有此書的記錄，唯孫雨航《近四百年來安徽學人錄》記載馬氏有《桐城古文集略》十二卷，序目一卷。說見孫雨航輯《近四百年來安徽學人錄》（愧我生廬叢著）頁 68。

〔註 6〕此處《桐城文化志》標「二十三年（1887）」應有誤，據時年推算，當改爲 1897。

〔註 7〕李經義，李鴻章之從子，延馬其昶以授其子弟，其中以李國松者最知名，爲馬氏高足。

〔註 8〕此處《桐城文化志》屢記「陳立三」應有誤，據《桐城縣志》《抱潤軒文集》皆言「陳三立」，當從後者。

〔註 9〕章炳麟云：「並世所見，王闓運能盡雅，其次吳汝綸以下有桐城馬其昶爲能盡俗」章炳麟〈與人論文書〉《太炎文錄初編》（台北：新陸書局，1970 年出版）頁 25。

〔註 10〕馬其昶《尚書誼詁》即七十三歲臥病桐城時完成。

〔註 11〕據《桐城文化志》紀錄，位於安徽省汪河鄉汪河村蜈蚣夾子土坡上，距桐城

群經有說，探微挈綱。魂精所辟，上獨穹蒼。」〔註12〕清末民初之際，政治、學術、社會民生面皆面臨重大的衝擊與轉變，使得桐城派趨於沒落，馬其昶為其殿軍，一方面可知其師承與文采，一方面也標記著清代桐城派最後的學術光芒。〔註13〕

二、時代背景

　　馬其昶生於清末，當時清廷國勢已衰，在內朝政敗壞，民生凋敝，在外則列強環伺，蠢蠢欲動，而地方上則正值太平天國之亂，是一個極其動盪不安的年代。馬氏生於桐城，當時太平天國之亂已延燒安徽，諸城多陷太平軍，清軍雖逐漸反攻克復，但隨著捻亂爆發，捻軍時與太平軍聯合作戰，使清軍收復之勢再度受阻。

　　戰亂頻仍，苦痛最甚者，莫過於百姓。馬其昶一家，不僅因戰禍而流離在外，其祖父輩先人漢學家馬瑞辰，更因忠貞不屈而慘死匪寇之手，馬瑞辰之子馬三俊、馬星曙，亦皆戰死沙場，馬家可說飽受戰禍之磨難。〔註14〕

　　隨著曾國藩湘軍的反攻，太平天國之亂終於被平，捻軍被鎮壓後也竄於西北，安徽才逐漸恢復安定。在當時，曾國藩不僅穩定了政局，同時也穩住了當時的社會與文化，對當時學術發展有著甚深之影響。其有云：

> 有義理之學、有詞章之學、有經濟之學、有考據之學。……此四者，闕一不可。〔註15〕

曾國藩標榜桐城派的姚鼐之學，鼓吹義理、辭章、考據之餘，又增進經濟之學，以求學問能與經世致用相結合，一度成為一種漢、宋兼容的治學風向，而影響甚大。曾氏又云：

縣城西 13.5 公里。坐北朝南，四周群山環繞，秀木陰翳。墓地面積為 63 平方米，冢高 0.64 米，墓前亂石參砌兩級拜台，每級高 0.85 米，冢後半環有亂石塘，後塘嵌碑，高 0.9 米，寬 0.1 米，楷書陰刻「馬其昶先生墓」。1985 年春，縣文物普查隊發現此墓，冢土完好，碑石無損，字跡清晰。

〔註12〕陳祖壬《桐城馬先生年譜》（北京：北京圖書館出版社，1999 初版）頁 59。

〔註13〕《桐城縣志》〈桐城派主要作家師承、服膺關係表〉只記至馬其昶一代為止；《桐城文化志》〈桐城文派年表〉之記亦以馬其昶去世為終。

〔註14〕事俱見《清史稿》與《桐城耆舊傳》。《清史稿·列傳兩百六十九，儒林三》（台北：新文豐出版社，1981 年出版）頁 1484；馬其昶《桐城耆舊傳》（台北：文海出版社，1969 初版）頁 575～579。

〔註15〕語出《曾文正公全集》〈日記·問學篇〉。楊家駱主編《曾文正公全集》（台北：世界書局，1985 年初版）頁 6。

周末諸子各有極至之詣。……若遊心能如老、莊之虛靜，治身能如
墨翟之勤儉，齊民能如管、商之嚴整，而又持之以不自是之心，偏
者裁之，缺者補之，則諸子皆可師，不可棄也。〔註16〕

不只試圖兼容漢宋，對於諸子學，亦採取兼容並蓄的學習態度，以「經世致
用」為目的，打破學科與思想的宗派之別，從而促進了學科間的互動，思想
之間的交流，而使當時的文化日漸擴大胸襟器度並探索實踐需求。由此看來，
曾氏不只是中興清朝，其實也中興了桐城派一脈所維繫的文化傳統，使其學
術成就與影響，得到相當程度的繼承與發展。

馬其昶的老師吳汝綸與張裕釗，都是曾國藩的重要弟子，所以馬氏在這
種背景下成長，自然對桐城一脈頗求會通的學術傳統，有著根深柢固的信服，
並懂得以經世致用為目，來擴大胸襟與反省實用。

三、人格與學術性格

馬其昶，為人謹慎簡淡，進取愛國，與傳統知識份子一樣，不僅致力於
學術，同時也心繫政局與傳統文化之維繫。著書立言，多以人倫禮教為目，
如《桐城耆舊傳》、《抱潤軒文集》，多載清末以降的名人軼事，其文有州縣之
廉直、將士之忠勇、書生之孝悌、婦人之溫良有節等發人省思的事蹟，一方
面可補近史之疏遺，另一方面也帶有風俗教化的意義。

馬其昶之為人，可從其行事來說明。早年生母過世，馬氏礙於自己已承
重為嫡系宗子身份，不能為生母守喪盡孝而有隱痛，曾撰多文，欲辨為人後
之事，然此事終不可解。直至後來，其父馬起升病卒，馬其昶鮮兄弟當兼祧，
而所後祖馬樹華幼子起益，已有子，四人乃投牒大府，請題奏准還本生，以
所襲世職即馬樹華遺產歸起益子其昂，俾承馬霍邱祀。此事的過程不僅體現
馬氏的溫良孝順，不戀世爵，其所據多依文獻，申訴途徑多從宗法制度，亦
可看出馬氏對於訴求之實踐，有別於當時革命式的顛覆，而是以經典、風俗
為本，循序漸進的調整。

此外，當時邑人汪正宣，挾禍福邪說干大府，大府授意縣令姚靜庵舉汪
孝子，馬氏貽書爭之，事方得寢。此亦可看出，馬氏相當重視民間風俗的內

〔註16〕 語出《曾文正公全集》〈日記・問學篇〉。楊家駱主編《曾文正公全集》（台北：
世界書局，1985 年初版）頁 14。

容與影響，而這也是正視傳統文化教化功能的一種表示。然而不只在意人倫風俗與經典之存廢，馬氏更關心社會時政。如〈年譜〉所載：

> 通伯主講廬川潛川書院，教學者以治經爲本。同時，于方伯奏核全皖賦額查報荒敏，有司奉行不善，清畝之田不問肥瘠概令加額，通伯貽書論之，事得寢。而戶部復議提州縣平餘，通伯以爲平餘者，牧令所資以養廉，一旦奪之，不肖者必巧取於民以償，國家所得幾何，而民困乃滋甚，適于方伯有乞休意，乃再貽書勸其以去就爭此議。〔註17〕

察畝、平餘其實並非錯誤的政策理念，但是執行者的不當施行，就可能給予官、民極大的困擾。對於政策、理念的具體施行效果，馬氏是一直有所留意的，所以屢貽書勸阻，以防擾民。然而，當時清廷亟欲圖強改革，政策多草率擬定，施行過程弊端連連成效不彰，這些對於馬氏而言，都是憂心不已的地方。對於清廷的自強運動、戊戌變法，他已注意到清廷一連串的新政措施「凡事務其虛名，而百姓受其實禍」等適得其反的效果。他嘗論：

> 夫辦事者必先籌款。度支無款應付，固一事不能舉行；倘度支竟能應付，其爲禍烈更不忍言！國之財政無款……則索之督撫；督撫亦無款也，而事又非款不辦，則其所應付者，仍是多方搜刮，虐取於民耳。〔註18〕

指出清廷推行新政的過程，未能循序漸進按部就班，而是在籌款未足，計畫未備之下急遽推行，不僅實效未得，甚至反而讓民生更加困頓。馬氏看出清廷政策背後，對民情並未有真切的體察，並以「督之以至嚴之功令，限之以至迫之時日，困之以至窘之財政」等不切實際的嚴苛要求加以困民，這樣的作爲不僅成效有限，同時也加劇了國力的耗損，且這種要求之下，官員爲求自保，或更加虐取於民，或更加敷衍政令，導致惡性循環，使民生更趨凋敝，吏治更加敗壞。馬氏又言：

> 天下之患，莫大乎是非利害，顯然明白，而朝野上下，知之而不言。……吾國舊政，是古聖君賢相及我祖宗所行之而效者，然流弊

〔註17〕陳祖壬《桐城馬先生年譜》（北京：北京圖書館出版社，1999 初版）。

〔註18〕馬其昶〈上皇帝疏〉。轉引自錢基博《現代中國文學史》（台北：文海出版社，1981 年出版）頁 152。

至今日而極，不以實心行實政，此其失，人人能言之。……然而……

人人知之而勿敢言；言之即被阻撓新政之名，而目爲狂怪。〔註19〕

馬氏沉痛地表示，這種朝野上下皆知的弊病，竟無一人指陳，導致姑息敷衍更甚，這無疑更令人驚恐。所以感慨道：「舊政之失，失之因循；新政之失，失之紛擾」，這個國家不只失卻了對傳統文化核心價值的繼承，更面臨了政令頻仍擾民不斷，國力日損的窘境。接著，馬氏再論度支籌款之禍：

州縣，亦人也，豈眞甘爲不肖哉！責以就地籌款，而又以籌款激變罪之！……朝程一法，出費若干；暮釐一事，出費若干。曰：「爲爾圖治安」，養生救死之不暇，而責之費無已時，治安未覩，而民死已久矣。州縣親民之職，古時所貴，今所甚賤。……夫人生仕官，固以試其所學，亦欲自贍身家，若官累私虧，因而加重，自謀無術，何暇治民。賢者乃潔身思退，中材錄錄，豈能自守，是直迫之使爲不肖。……是故今日之四民，至窮者農人也；今日之百官，至窮者親民之官也。親民之官窮，而民愈不聊其生矣！〔註20〕

馬氏不只在意百姓疾苦，亦對地方官員表示同情，細剖新政理念雖善，但政策推行草率倉促，並未考量實際民情。不僅官逼民反，實亦存著官逼官腐的惡化。遺憾馬氏這段時政論述，並未受到注意，而清廷也在一連串新政推行後，國力耗損更劇，成了帝國覆滅的助緣之一。

此疏之懇摯描述，體現馬氏對時政體察的細膩與用心。然而這是否也意謂馬氏就是傳統保守主義的一員呢？恐怕也不。在武昌起義成功後，袁世凱逐漸掌權而野心蓬勃，並想藉由籌安會來鼓吹帝制，過程中袁世凱曾多次積極拉攏馬氏爲其背書，但馬氏始終婉拒而不爲所動。這事《桐城縣志》保留了一段記載：

民國初年，袁世凱專權，屢遣人陳說百端，拉攏馬通伯等名流壯其聲勢。馬通伯堅拒之曰：「區區非能事二姓者也。」即治裝南歸。〔註21〕

面對當權者之拉攏，而不爲所動，對於被袁氏所拘捕的學者，更是不問派系

〔註19〕馬其昶〈上皇帝疏〉。轉引自《現代中國文學史》（台北：文海出版社，1981年出版）頁152。

〔註20〕馬其昶〈上皇帝疏〉。轉引自錢基博《現代中國文學史》（台北：文海出版社，1981年出版）頁153。

〔註21〕桐城縣地方志編纂委員會《桐城縣志》（合肥：黃山書社，1995年出版）頁823。

地爲其奔走營救。這些舉動，讓當時學術立場與其相左的胡適，都不免爲此由衷感佩感嘆。〔註22〕這些作爲都能顯示馬氏之胸襟器度，並非一味的保守，或囿於當時意識形態的對立。總的來說，馬其昶雖多站在傳統學術立場，與當時西化派、革命派有別，但並非形成門戶之間的衝突與對抗，亦不夾雜個人恩怨，而是純粹作爲處事理念與治學態度之區別。在同樣關心民族文化存亡之困境下，馬氏採取的不是激烈的革命論，而是溫厚謹愼的修正路線。對於時政，他並不停留於理念的爭執，而是更在意理念付諸實行後的具體效果如何。如此，便能理解他這些勸戒書信之行爲，及其背後的價值關懷。他始終站在民生的立場，去體察許多已經發生或即將發生的社會問題。也因爲如此，處事風格激切的章太炎，亦對馬氏感佩，予其「能盡俗」的敬佩形容。〔註23〕

　　不過，馬氏的溫厚謹愼，更多是體現在他的治學成果之中。就資料的蒐羅與方法的運用來說，清代漢學與宋學的學術成果與治學方式，都能爲馬氏所融通，雖然師承桐城派文統一脈，但馬氏的著作中，考據資料與方法並未因此偏廢過，所以相關史料的蒐羅與分析，令人刮目相看。就《莊子故》引用的資料羣來看，數目即有 193 家之多，不只涵蓋漢、宋兩學的學術內容，實兼及文學、史學、經學各方面思考之成果。此皆能看出，馬氏在學術創作上，不囿門戶之器度。

　　變動國難之際，馬其昶選擇退而著述教書。雖因聲望之故，被聘爲《清史稿》總纂一職，然可惜的是清史館長趙爾巽徒喜其名不重其能，所以面對清史編著中的諸多弊病，馬氏依舊無能爲力，而屢屢求去。

　　馬氏老年時返回桐城養病。臥病中治學仍舊勤勉不輟，其《尙書誼詁》完成時，時年已七十三歲，而《莊子故》更是時時修訂筆耕不輟。若取《莊子故》晚年版本與早年刻本相較，後期收錄了更多時人之觀點，如章太炎、

〔註22〕胡適 1925 年〈致陳獨秀〉（稿）曾記述：「我記得民國八年你被拘在警察廳的時候，署名營救你的人中有桐城派古文家馬通伯與姚叔節。我記得那晚在桃李園請客的時候，我心中感覺一種高興。我覺得這個黑暗社會裡還有一線光明：在那反對白話文學最激烈的空氣裡，居然有幾個古文老輩肯出名保你，這個社會還勉強夠得上一個『人的社會』還有一點人味兒。」耿云志、歐陽哲生編《胡適書信集》（北京：北京大學出版社，1996）上冊，367 頁。

〔註23〕章炳麟云：「並世所見，王闓運能盡雅，其次吳汝綸以下有桐城馬其昶爲能盡俗」章炳麟〈與人論文書〉《太炎文錄初編》（台北：新陸書局，1970 年出版）頁 25。

馬敘倫之莊學。這種與時並進的修訂，不僅拓寬了注釋的視野同時也提高注釋的準確，而使其書更具詮釋上的價值。

馬氏的著述，多由門人李國松刻印出版，而〈年譜〉則由陳祖壬所編定。陳氏曾為馬氏撰寫墓誌銘，其文雖不免溢美，然亦有可觀之處。如近代學者吳孟復所言，桐城學派儘管自姚鼐起，就已標榜義理、辭章、考據三者並重，但此流派中眞正能落實這個理念的，恐怕還是只有馬其昶一人而已。〔註24〕馬其昶作為桐城派之殿軍，不只是桐城文學上的指標而已，其實也是作為近代傳統學術的一個階段性代表。

第二節　《莊子故》的流傳及其著述宗旨

一、馬其昶的著作

敘述《莊子故》的流傳之前，先對馬其昶的所有著作作一分類，表1：

表1（本書作者製）

經部	《周易費氏學》、《毛詩學》、《尙書誼詁》、《禮記讀本》、《大學中庸孝經合誼》
史部	《清史稿》、《桐城耆舊傳》、《左忠毅公年譜》
子部	《老子故》、《莊子故》、《屈賦微》、《金剛經次詁》
文部	《抱潤軒文集》、《抱潤軒續集》、《存養詩鈔》、《佩言錄》、《韓昌黎文集校注》

以上諸書，除了《金剛經次詁》、《存養詩鈔》、《佩言錄》等書外，筆者皆已收入參考。而此類著作，目前只有《詩毛詩學》、《抱潤軒文集》有短篇論文探究。〔註25〕其餘著作都尙未有專題探討。

馬其昶的治學領域範圍遍及經史子集，義理思想方面，則儒釋道三學兼涉。《莊子故》屬於馬氏早期之著作，此時已體現其恢弘的學術格局。不過《莊子故》並未就此寫定，後期仍持續增補修訂。可由黃山書社的出版說明，理解此書著作之歷程：

> 《莊子故》共八卷。此書由陳光淞于 1901 年初刊於浙中，世稱《遺

〔註24〕吳孟復《桐城文派述論》（安徽：安徽教育出版社，2001 二版）頁 168。
〔註25〕台灣有呂珍玉〈馬其昶《毛詩學》研究〉；大陸孫維城〈馬其昶《抱潤軒文集》《遺集》墓誌、壽序淺評〉等文學方面的研究。

經樓校本》。書成之後，馬通伯先生於講述《莊子》之餘，時有增損改正，又掇錄諸書，輯《莊子》佚文附於後。由門人李國松刊入《集虛草堂叢書》。此書再版問世後，深爲學術界所推崇，國立中央大學胡遠濬教授於 1917 年所著的《莊子詮詁》〈凡例〉稱：《莊子故》「訓詁精詳，畫章明確，又時於古今通人述《莊》之微言大義附注，尤微宏識；其博採各註，自具鑪捶，意非深於文者莫能也。」

1927 年，通伯先生患風疾，由北京返里，又取是書，以極大毅力，取北宋本、南宋本之《莊子》，校對一過，並採近人楊文會、章炳麟、馬敘倫等十餘家之說，融以己見，錄於書眉，歷兩年而後成。通伯先生臨終時，諄諄囑咐：以後出版，務必以此爲定本。

今馬通伯孫馬茂元教授遵囑，將此整理成書，由我社出版，以饗讀者。

由此可知《莊子故》先後刊出過三次。《遺經樓校本》筆者未見，但《集虛草堂叢書》版本爲嚴靈峰先生收入至《無求備齋老莊集成》而能得見。此版本尤有避諱的現象，[註26] 存有早期原稿的痕跡，不過印刷較模糊，且有缺文，[註27] 讀之較爲不便。而黃山書社版本，則增入不少時人學者的意見，就本文統計，約有十幾種新資料的增入，並增加了《莊子》宋本的校勘比對，足見馬氏對這書之重視。最後，黃山本是由馬氏之孫馬茂元所點校，使其更加清楚與完備，所以最後名爲《定本莊子故》，此標誌著馬其昶《莊子》詮釋的最後寫定。

不過值得注意的是，黃錦鋐先生在〈六十年來之莊學〉中，曾認爲嚴復的《莊子評點》同錢穆、胡遠濬著作一樣，都有承於馬其昶《莊子故》。考察集虛草堂本，《莊子故》很早便引用嚴復的莊學見解。[註28] 不過，若考察嚴靈峰《無求備齋老莊集成》所收的嚴復《莊子評點》可發現，其凡例中有記載馬其昶借書不歸一事。[註29] 原來嚴復早年已著《莊子評點》一書，然草

〔註26〕如成玄英，皆改爲成元英。

〔註27〕筆者考察《無求備齋老莊集成》版本的《莊子故》，〈在宥〉末段自「賤而不可不任者」至「因於物而不去」，原文加注釋共 305 字，整段有所闕漏。馬其昶《莊子故》（無求備齋老莊集成，自印本）頁。146～147。

〔註28〕馬其昶引用嚴復的資料約有十八條。

〔註29〕關於此事，胡楚生先生在《老莊研究》已先提及，筆者只是進行文獻的複查考覈，並非新見解。說見胡楚生〈嚴幾道《莊子評點》要義闡釋〉《老莊研究》

稿借予馬氏後未能取回，最後只好以馬氏《莊子故》作爲底本來重新改寫。
兩書的淵源其實是互爲參酌的相互影響，而非單方面的傳承關係。〔註30〕

二、著述宗旨

關於《莊子故》的著述宗旨，可由其〈序〉來理解。此〈序〉不僅點出
著述宗旨，同時也表現其莊學發展之見解，以及經世致用之關懷。其云：

> 《莊子》之書，自前世皆列道家，道家祖老子、孔子。當周衰，以
> 聖德不得位，序《詩》、《書》、《禮》、《樂》爲儒宗。老子生并孔子，
> 孔子所嚴事。當是時，其道未大顯。至戰國，孟子尊孔攘楊、墨至
> 力矣，無一言及老子。吾意老子遯世無悶，隱君子也。其清虛淡泊，
> 不大異孔子道；不然，孟子排異端，必不釋老子不置論者。世益陵
> 夷，狙詐爭戰之風日熾。賢者自放不得志，痛當時諸侯王無慮皆爲
> 民害，而世儒又貌襲多僞，乃發憤取老氏之說，務推本言之，以救
> 其失，則莊周之徒興焉。其詞洸洋放恣以適己，其意則重可悲矣。
>
> 〔註31〕

馬其昶認爲孔子曾求學於老子，而孟子力排楊、墨卻又不詆老子，由此來判
斷儒道分歧並不大，甚至認爲同屬一源，都是對治紛亂局勢所衍生的濟世哲
學。而莊子之時，世風更劣，不僅賢者不得用，儒學更流於形式與虛僞，故
莊子本於老子，提出正本清源的反省，試圖對儒學補偏救弊。馬氏接著透過
朝代間的興廢更替，以歷史角度來理解道家思想之發展。

> 秦得天下，益尚詐力，燒《詩》、《書》，民萌凋瘵，天下滋欲休息，
> 慕黃、老之無爲，質文異尚，時各宜也。上自文、景之君，蕭、曹
> 之相國，儒者司馬氏父子、賈誼之論大道，皆右黃、老。黃老之學

（台北：台灣學生書局，1992 年出版）頁 269。

〔註30〕 嚴復〈例言〉《莊子評點》有云：「先生晚而篤好莊書，嘗就郭注本評點，爲
馬通伯假閱不歸，因又就馬著《莊子故》加批，即此本所據也。」此〈例言〉
爲曾克耑所作。（無求備齋老莊集成）自印本。頁 473。

〔註31〕 馬其昶〈莊子故序目〉《定本莊子故》。本論文所引原文皆以《定本莊子故》
爲底本，輔以王叔岷先生《莊子校詮》加以參照。〔清〕馬其昶撰，馬茂元編
次《定本莊子故》（安徽：黃山書社，1989 年出版）頁 1。王叔岷先生《莊子
校詮》（台北：中央研究院歷史語言研究所，2007 年四版）本論文，以下引用
以皆以簡注表示。

於是爲極盛。而諸儒老師，區區守《詩》、《書》燼棄之餘，蒐殘討遺，用力至勤苦。《六經》始萌芽嚮明，黃、老專道之稱者千餘年，浮屠氏乃益乘閒入中國。

經過秦之焚書坑儒暴虐無道，使得民生凋敝，天下有求休養生息，所以嚮往黃老之無爲。歷代崇尚的東西會不同，是因時制宜的緣故。而漢代初期，儒者亦宗黃老，其學乃盛。然諸儒自書厄之後，致力復原古籍，使得六經傳統逐漸復興。然此時，黃老作爲道家之代表千餘年，直至佛學傳入。

正始以來，士大夫尚清談、崇高致，人人言《老》、《莊》，卒放棄禮法，天下大亂。老、莊之教，外形骸、生死，寧靜自勝，王衍〔註32〕何晏之倫，溺心勢物，殆不啻與之背馳絕遠，而老莊不幸蒙其名。是故其學盛於漢而極衰於魏、晉。道不軌於中庸，循其末之弊，固將無所不極。然苟得其本志之所存，其爲禍豈至是哉？

魏晉清談之風氣極盛，老莊之學再興，然而馬其昶認爲，此時期放棄禮法之風尚，已非老、莊擺落形骸，看淡生死之本致。甚至認爲，魏晉人物背離老莊，甚至使其蒙上污名，道家之學自此而衰。馬其昶認爲此世之學，道不中庸，捨本逐末，問題無所不在。如果苟知其本，尚求立志，爲禍尚不致如此之慘烈（使世風日下，政局更加動亂）。

初浮屠之入中國也，詞至猥淺，老、莊既爲世詬病，高明邁俗之士，知名物訓詁之學，未足彌道之量，乃竊其說而堆益之於浮屠。宏闊而精研，至不可究詰。烏摩！道家微而釋氏興，雖以程、朱大儒，昌詞排之，不能驟絕其流；豈擴清之功不可冀與？抑士之際侘失志者多樂其說以自廣與？不然，則其道果有自立者存也。《莊子》書，詞尤高，好文者尚之。前後爲注者百數十家，獨郭象注最顯，陸氏《釋文》多存唐以前舊詁。自象《注》及諸家益各用己意爲說，本旨荒矣。

佛教之傳入，字詞淺陋，而後人以老莊解佛，使佛道相雜，而難以究詰，這恐怕道家自身發展力量再次削弱的重要原因。此後雖有宋代大儒相與排詆，然難絕其流。但這種廓清之功豈可荒廢，怎能讓這樣的思想成爲失志者之寄託呢？爲道者，本能自立自存，而《莊子》之文辭尤高，人更尚之。只可惜，世間以郭象注最顯，陸德明雖保存一些古代舊注，但自郭象以來，人多任意

〔註32〕黃山書社本記「王衍」，應是「王弼」之訛，而集虛草堂本亦有此訛。

詮釋，使得《莊子》本旨爲之隱沒。對此，馬氏表明其詮釋《莊子》之原則：

> 余讀其書，爲襃取羣解，略發指趣，要以通其辭爲歸。

博採諸說，發明旨趣，以疏通文辭爲依歸。所以有博覽，亦有揀擇，雖多元，然不失卻方向。在講述著作原則後，馬氏感嘆莊子之所悲，今日亦未嘗不免。

> 嗟呼！莊生之言曰：「有機械者，必有機事；有機事者，必有機心。」又曰：「大亂之本，必生於堯、舜之閒。其末存乎千世之後，千世之後，其必有人與人相食者。」〔註33〕悲夫！余讀其言，未嘗不慨焉流涕也。

馬氏複誦莊子諸語，實心有同感之故。不僅是對《莊子》的領會，其實也是對國家社會長期處於變亂下的悲痛哀嘆。當時的桐城，處於命運乖舛的年代，天災頻仍，兵禍不斷。筆者曾留意到《安徽省志》一段記載：

> 同治四年，八月。因戰亂，加之自然災害，皖南大飢，人食人情況嚴重，人肉始售 30 文一斤，後至 102 文一斤。〔註34〕

此種記載如今看來，慘狀令人難以想像。清同治四年爲西元 1865 年，當時馬其昶十歲，正經歷了那段「人與人相食者」的慘烈時期，無怪乎讀《莊》至此，會悲痛莫名，此一方面體現莊子思想的切實性，另一方面，也可看出馬其昶對於莊子思想實有其生命際遇的冥冥相契。

　　這篇〈序〉可大致理解到馬其昶對於歷代莊學之評價，以及自身對莊學之契會。一方面，他認爲儒道同源，兩者之衝突並不尖銳。扣緊濟世之目的，可思考儒道會通之可能。另一方面，馬其昶認爲莊學漸失本旨，而有求復原。至於如何復原，有需博覽，亦有需約取。博覽以取資於人，見賢思齊；約取以淘洗精鍊，通辭達意，復歸本旨。這種看法，使能重視文獻史料，又不爲文獻史料所困。

〔註33〕語出《莊子·庚桑楚》，王叔岷先生《莊子校詮》頁862。
〔註34〕《安徽省志叢書》（北京：方志出版社，1998 年出版）第一冊，頁87。

第二章　文獻學基礎

第一節　博採群籍

　　《莊子故》最顯著特色，即在於文獻的蒐集與參考。本文統計，至少有193 種資料爲馬氏所引用。其引用之資料類別，可見表 2：〔註1〕

表 2（本書作者製）

《易》	《詩經》	《周禮》	《禮》〔註2〕	《論語》
〈大學〉	《孟子》	《國語》	《左氏傳》	《戰國策》
《史記》	司馬子長	《漢書》〔註3〕	《後漢書》	《三國志》
《老子》	《墨子》	《荀子》	《呂覽》	《列子》〔註4〕
《淮南子》	《管子》	《廣成子》	《賈子新書》〔註5〕	《春秋繁露》
《法言》	《抱朴子》	《釋名》	《廣韻》	《廣雅》
《玉篇》	《說文解字》	《正字通》	《一切經音義》	《山海經》
《楚辭》	《韓詩外傳》	《爾雅》	《小爾雅》	《尚書大傳》
《新序》	《說苑》	阮籍	嵇康	向秀〔註6〕
郭象	司馬彪	劉勰	《世說新語》	成玄英

〔註 1〕此表先秦兩漢古籍先依四部分法排序，其後皆略依時代先後排序。並於罕見資料，標示出處。
〔註 2〕有稱引獨稱〈月令〉。
〔註 3〕另稱引獨稱〈報桓譚書〉。
〔註 4〕有稱引獨稱張湛、郭璞、江遹。
〔註 5〕簡稱《賈子》。
〔註 6〕《莊子解義》。

《經典釋文》〔註7〕	陸德明	司馬子微〔註8〕	徐鉉	柳宗元
李習之	張君房	范仲淹	司馬溫公	呂惠卿
黃庭堅	陳景元〔註9〕	晁迥	楊時	劉攽
范祖禹	王旦〔註10〕	陳祥道	馬永卿	吳澄
程明道	張子	邵雍〔註11〕	蘇軾〔註12〕	蘇轍〔註13〕
孫奕	王介甫〔註14〕	王雱〔註15〕	眞德秀	魏了翁
朱子	褚伯秀	林希逸	林疑獨	劉辰翁〔註16〕
羅勉道〔註17〕	陳顯微	王應麟	馬端臨	洪邁
李冶	李楨	薛瑄	宋濂	楊慎〔註18〕
徐常吉	王世貞〔註19〕	李贄	唐順之〔註20〕	方揚〔註21〕
朱得之〔註22〕	陳建	陸長庚	楊士奇	焦竑
張居正	歸有光〔註23〕	陶望齡	陳于廷	方以智
憨山	王夫之	王敔〔註24〕	錢澄之〔註25〕	顧炎武

〔註7〕 多存唐以前舊詁如崔譔、李頤、支遁、梁簡文帝、王叔之等諸家注莊語。

〔註8〕 司馬承禎。

〔註9〕 《南華章句》、《莊子闕誤》。錢穆以此書校異文者多參證。

〔註10〕 《莊子發題》。

〔註11〕 邵雍有觀物內、外篇。錢穆著中國思想史，以莊周、邵雍爲觀物派哲學。認爲兩家意趣頗相近。其云：「莊書屢稱孔、顏，邵則駁駁由道而儒矣。此又爲中國道家思想一大變。治莊者由阮及邵，可以識其流變之大勢」。

〔註12〕 《莊子祠堂記》。

〔註13〕 《老子解》。

〔註14〕 〈論莊周〉、《莊子注》。

〔註15〕 《南華眞經新傳》。

〔註16〕 《莊子點校》。

〔註17〕 《莊子循本》，入《道藏》。

〔註18〕 《丹鉛錄》。

〔註19〕 《南華經評點》。

〔註20〕 《荊川釋略》。又名《南華經釋略》。

〔註21〕 《莊義要刪》。

〔註22〕 《南華通義》。

〔註23〕 《南華眞經評註》。

〔註24〕 錢穆云：王夫之有莊子解義。其子有增注，附見解義。

〔註25〕 《莊屈合詁》。

閻若璩	馬驌	屈大均	高秋月〔註26〕	宣穎〔註27〕
方潛〔註28〕	姚範	李光地	方苞	劉大櫆
姚鼐〔註29〕	王念孫	王引之	盧文弨〔註30〕	胡鳴玉
朱亦棟	李威	李調元	孫志祖	段玉裁
邵晉涵	郝懿行	俞樾〔註31〕	朱駿聲	孫詒讓〔註32〕
洪亮吉	洪頤煊	洪邁〔註33〕	翁元圻	梁玉繩
方東樹	劉熙載	陳蘭甫	梅曾亮	陳用光
俞正燮	方昌翰	方宗誠	曾國藩	胡林翼
薛福成	張之洞	王闓運〔註34〕	郭嵩燾	姚永樸
姚永概	吳汝綸〔註35〕	嚴復〔註36〕	奚侗〔註37〕	章炳麟
郭慶藩	馬敘倫〔註38〕	楊文會	萬希槐	黃奭
陳光淞	吳闓生	朱一新	胡思敬	陳治安〔註39〕
李哲明	張琦	陳曾則	高駿烈	《幾暇格物編》
《趙氏正》	《昭明文選》	《藝文類聚》	《白帖》	《初學記》
《北堂書鈔》	《太平御覽》	《江南古藏本》	《文如海本》	《宋本》
〈道因碑〉	趙匡《春秋集傳》	舊注〔註40〕		

〔註26〕《莊子釋意》。
〔註27〕《南華經解》。錢穆云：此書猶未脫明人習氣，俗冗較遜於林雲銘，而活趣盎然。王先謙《集解》采摭宣書，頗費洗淘之功。
〔註28〕《南華經解》。錢穆云：自此以下，漸見清儒訓詁考訂之功。
〔註29〕《莊子章義》。
〔註30〕《莊子音義考證》。
〔註31〕《諸子平議》。錢穆云：清儒汲古功深，諸家對莊書皆碎金屑玉，較之王、俞，彌見瑣末矣。
〔註32〕《札迻》。
〔註33〕《容齋隨筆》。
〔註34〕《莊子注》。錢穆云：極求簡淨，蓋欲成一家言，而識力未足以副。
〔註35〕《莊子點勘》。
〔註36〕《莊子評點》。
〔註37〕《莊子補注》。
〔註38〕《莊子義證》。錢穆云：此書雖云解莊，實解字耳。
〔註39〕《南華眞經本義》。
〔註40〕筆者統計，約有 22 例，馬其昶引稱「舊注」，然未再具名來源。王叔岷先生為之考察，知其有時引自孫詒讓《札迻》與宣穎《南華經解》。

就資料的類別來看,《莊子故》參考資料遠多於同時期莊學著作(如王先謙《莊子集解》、郭慶藩《莊子集釋》),就如王叔岷先生認為近代收輯資料最備的錢穆《莊子纂箋》,資料數也僅為 158 類,並未超出馬氏。值得留意的是,錢穆《纂箋》本以馬氏《故》為藍本,資料之博其來有自,不過由於幾經淘洗,所以精鍊更甚,但也因此遺去不少資料。

馬氏所采之資料,遍及經史子集與類書。並將文獻學、聲韻訓詁、文學、史學、思想等幾個面相相互連結與運用,使其注《莊》視野相當寬闊。本文之脈絡,即是對這些引用的資料展開分析,逐一從文獻學、聲韻訓詁、文學、思想等幾個面相來作觀察,從不同的角度分析馬氏注釋的資料性質及其效度。

就資料蒐羅的廣度而言,馬氏對資料範圍的限定,其實並不明顯,由以下幾點可以觀察。

一、文獻遍及歷代

藉由上表,可知馬氏的資料涉及先秦、兩漢、魏晉、隋唐、宋明、清代與民國,除了五代與元代文獻罕有引用,引用資料幾已遍及各朝。馬氏對於各朝學術未存定見,凡重要典籍便多所留意。

二、儒、道之別不顯

思想上雖有儒、道之別,不過在馬氏的資料臺中,這種分判並不重要。究其引用,有涉及,《詩經》〔註 41〕、《易》〔註 42〕、《禮》〔註 43〕、《孟子》〔註 44〕、《論語》〔註 45〕等經學著作,與宋明理學家的意見,〔註 46〕這部份的運用,有訓釋上的字義勘對,亦有思想見解的吸收。此外,馬氏對於各家諸子思想,也多所留意,〔註 47〕甚至對佛學見解亦偶有引用。〔註 48〕

〔註 41〕 含《詩經》箋注的引用,約 46 條資料。
〔註 42〕 引用《易》約 10 條資料。
〔註 43〕 引用《周禮》約 8 條資料;《禮記》約 10 條資料;《儀禮》約 7 條資料。
〔註 44〕 引用《孟子》約 11 條資料。
〔註 45〕 引用《論語》約 4 條資料。
〔註 46〕 如引程明道、張載、朱子的意見共約 10 條資料。
〔註 47〕 《墨子》、《淮南子》、《呂氏春秋》亦多稱引。
〔註 48〕 如引用方以智,約有 11 條資料。

三、不囿漢宋門戶

儒學內部有漢、宋兩種學術型態，但馬其昶注莊時，這種區別並不重要。《莊子故》存著宋明理學家意見的吸收，使此書與清代乾嘉時期考據學家的著作有些不同。一方面，善於運用清代考據之成果，勘對疏通《莊子》文本；〔註49〕另一方面，佐以宋明理學的義理思辨，與《莊子》哲理互為闡明。〔註50〕不囿門戶而兼容並用。

四、參照各家學科

學術領域有思想、文學、史學、經學之別。但《莊子故》一書，示範了各方面的材料與方法，皆能有助《莊子》文意的疏通。如史學，有史事方面名物典故的探究，亦能藉由史料進行文字、篇章的勘對；而文學，能透過文氣的判定，上下段落文脈的比對聯繫，來探求章節架構，並勾勒題旨及文意大意，呈顯《莊子》各篇的呼應關係，此皆有助於對《莊子》文意的理解。對此，馬氏文學面引用了《楚辭》、《昭明文選》等資料；〔註51〕史學面引用了《左傳》、《國語》、《史記》、《漢書》、《後漢書》等史籍，〔註52〕使其資料與方法之運用範圍持續擴大。

五、不因人廢言

雖然馬氏於〈序〉中批評魏晉時期多以己意解莊的風氣，然對於郭象注解之運用並不排斥，仍有取其切實處，來為《莊子》訓釋，並不因人因時而廢言。本文統計，馬氏對郭象資料的引用與討論，多達 260 條，馬氏應是認為，雖然郭象注解風格獨特，然仍有不少字詞解釋能切中要義。此外，馬氏亦廣引司馬彪的注解，來與郭注作比對。此足見其不以個人喜好為囿，而能虛心運用材料。〔註53〕

以上五點，大致能看出馬氏取材之範圍，能不囿門戶，運用並吸收各代

〔註49〕如王念孫、王引之、孫詒讓、俞樾、郝懿行、盧文弨等人的考據成果，馬氏引用甚多。

〔註50〕如程明道、張載、邵雍、朱子等人之思想，通伯時有參酌。

〔註51〕文學方面引用資料，《楚辭》約 8 條、《昭明文選》約 16 條。

〔註52〕史學方面引用資料《左傳》約 12 條、《國語》約 3 條、《史記》約 13 條、《漢書》約 29 條、《後漢書》約 7 條。

〔註53〕對此，錢穆亦承通伯「錄郭注，僅取其足以發明莊書原文者而止」。

文獻與思想。其廣蒐博採之目的，即實現其〈序〉中所言「余讀其書，為襃取羣解，略發指趣」之原則。擺脫主觀意見之限制，嘗試多種可能，來復原莊子之風貌。但值得注意的是，馬氏並非因為博採群籍，便使其書繁蕪雜沓。《莊子故》是相當簡潔而易讀的。除了廣蒐博採，馬氏面對這些資料，更有著謹慎揀擇之淘洗。不僅存著對資料效度的分判，又試圖貫徹「要以通其辭為歸」之雅潔原則，使其書蒐羅極豐而不流於繁瑣，取材精鍊卻不失其旨要。

第二節　版本考量

關於《莊子故》的底本，馬其昶於《莊子故》書末有一些敘述：

> 世德堂本注人脱誤尤多，傅沅叔增湘嘗校以兩宋槧本，補正訛奪字殆逾千名。惜余客中未攜郭注，無從校改耳。以上正文〈內〉〈外〉篇，用北宋本校，〈雜〉篇以下用南宋本校，舊曆甲寅十二月十九日記於京寓。

由上述可知，儘管《莊子故》著成已過十年，馬氏仍對此書多所留意。就版本而言，世德堂本屬明代善本，然馬氏已注意到世德堂本的不足，並留意到傅沅叔的校本成果，而有求宋本來比對。此處所云北宋本應指《古逸叢書》覆宋本，南宋本則指南宋蜀本。馬氏清楚版本之間的良莠區別，一方面慎選底本，一方面也重視校勘。其又憾未攜郭注不得校，可知注釋的勘對，馬氏是同正文一樣地重視。然馬氏為何有此意識呢，或許可以聯繫到謝肇淛《五雜組》的一段敘述：

> 近時書刻，如馮氏《詩紀》、焦氏《類林》及新安所刻《莊》、《騷》
> 等本，不下宋人。然亦多費校讎，故舛誤絕少。〔註54〕

與一般「明人刻書則書亡」的印象有別，其實明代亦有精刻之本，足與宋、元刻本等量齊觀。而近代學者王欣夫也指出，明刻的精本，多出於蘇州、徽州兩地，與宋、元時不同了。〔註55〕但或許就是在這種地方校讎風氣的薰陶下，身處徽州的馬氏可能較易取得善本，並對版本校讎有所重視。

就馬氏所引用的宋本資料，本文統計，約有 48 例。此外，又引有江南古藏本、道藏張君房、羅勉道、文如海、王雱等文獻，關於注疏，也收錄有《經

〔註54〕謝肇淛《五雜組》（上海：上海書店出版社，2001 年出版）頁 266。
〔註55〕王欣夫《文獻學講義》（台北：台灣商務印書館，1992 年出版）頁 249。

典釋文》、司馬彪本等資料。就當時而言，馬氏的取材已幾近完備，使其在版本校勘有著穩定的基礎。但不足處仍是有的，如敦煌唐寫本，與日本高山寺舊鈔卷子本《莊子》殘卷等，屬後來才陸續發現的版本文獻，馬氏並未收錄，這是研讀《莊子故》的人應所留意的地方。

第三節　校勘方式

　　馬其昶非以校勘名家，但《莊子故》所作的校勘，卻有一定的成績。本節先敘述他校勘取材的方式，再檢視其校勘成果。馬氏取材方式，有以下幾種。〔註56〕

一、據眾本合校例

　　1、〈逍遙遊〉頁3。「槍榆枋，」

　　「槍」，宋本作「搶」。〔註57〕

　　2、〈人間世〉頁32。「見櫟社樹。其大蔽牛，」

　　李頤曰：牛住其旁而不見。○其昶案：宋本作「蔽數千牛」。

　　3、〈應帝王〉頁59。「至人之用心若鏡，不將不迎。」

　　吳汝綸曰：「迎」，別本作「逆」，誤。迎與鏡、藏、傷為韻。《列子》作「迎」。

　　○其昶案：宋本作「迎」。

　　4、〈天道〉頁91。「休則虛，虛則實，實則倫」

　　江南古藏本作「備」。

　　5、〈繕性〉頁109。「繕性於俗學，以求復其初；」

　　其昶案：舊重「俗」字。今從張君房本。

　　6、〈達生〉頁132。「忘要，帶之適也；知忘是非，心之適也；」

　　其昶案：張本、文本無「知」字。

〔註56〕此分類筆者參酌王欣夫《文獻學講義》〈校讎所根據的材料〉一節與王叔岷先生《斠讎學》〈方法〉一章所作的分類。

〔註57〕體例方面，不同注解間，將以圈號○隔開。原文、章節編頁皆引自馬其昶《定本莊子故》黃山書社本，若有異體字，或句讀不同處，皆從《定本莊子故》原文采錄。

7、〈徐無鬼〉頁177。「古之真人，以天待人，」

其昶案：「人」舊作「之」，今從張君房本。

8、〈說劍〉頁236。「韓、魏為夾；」

宋本作「鋏」。

二、依本書正文校勘例

1、〈大宗師〉頁49。「肩高於頂，句贅指天。」

奚侗曰：《淮南》「燭營指天」，高注：「燭營，讀曰括撮」。此文亦當同。〈人間世篇〉作「括撮」。

2、〈秋水〉頁112。「人卒九州，穀食之所生，舟車之所通，」

俞樾曰：「人卒」，「大率」之誤。○其昶案：卒，亦人也。〈天地篇〉「人卒雖眾」，〈至樂篇〉「人卒聞之」，並同。

3、〈寓言〉頁201。「彼吾所以有待邪？而況乎以無有待者乎！」

其昶案：彼者，形也，「以」「已」通用，已有待，即〈齊物論〉之「又有待」也。與上句「所以」之「以」不同。

三、依本書注疏校勘例

1、〈逍遙遊〉頁2。「蜩與學鳩笑之曰」

《釋文》：「學」或作「鷽」。

2、〈大宗師〉頁43。「夫知有所待而後當，」

其昶案：當，合也。見〈徐無鬼篇〉釋文。

3、〈天地〉頁89。「以二垂鍾惑，而所適不得矣。」

吳汝綸曰：「垂」一作「缶」。郭注：「各有信據，故不知所之。」據此，則司馬本作「二垂」者是也。○其昶案：《說文》：「垂，遠邊也。」二垂者，歧路也。王仲宣詩所謂「路垂」者也。

4、〈天運〉頁101～102。「今而夫子，亦取先王已陳芻狗，聚弟子游居寢臥其下。」

俞樾曰：古「聚」、「取」通用。○其昶案：成本正作「聚弟子」。

5、〈知北遊〉頁156。「知能能而不能所不能。」

其昶案：郭注以「知」與「不知」，「能」與「不能」並言。似「能能」上衍一「知」字。

6、〈則陽〉頁 189。「**此名實之可紀，精之可志也。**」

其昶案：成本「精」字下有「微」字。

四、依關係書校勘例

1、〈齊物論〉頁 13。「**狙公賦芧，**」

成玄英曰：賦，與也。○《列子》作「付」。

2、〈人間世〉頁 31。「**始乎諒，常卒乎鄙。**」

其昶案：諒，明也。鄙，固陋也。《淮南》「始乎都者，常大於鄙」。都、鄙，猶好、醜也。義同。

3、〈應帝王〉頁 58～59。「**不知其誰何，因以為弟靡。**」

其昶案：「弟」《列子》作「茅」，盧重元注云：「如章之靡，如波之流，淼然汎然，非神巫之所識也。」孫志祖曰：「《埤雅》：茅靡，言其轉徙無定。一作弟靡。」弟，讀如秭，茅之始生也。此可證無作弟字之理。

4、〈大宗師〉頁 47。「**堪坏得之，以襲崑崙；**」

司馬彪曰：堪坏，神名。《淮南》作「欽負」。

5、〈至樂〉頁 123。「**列子行食於道從，**」

其昶案：「從」下當據《列子》增「者」字。

6、〈山木〉頁 137。「**孰能去功與名而還與眾人？**」

其昶案：據《管子》，「人」下應加「同」字。

7、〈知北遊〉頁 154。「**道不可言，言而非也。知形形之不形乎！**」

其昶案：據《淮南子》「知」上當增「孰」字。

8、〈徐無鬼〉頁 171。「**未始異於聲，而音之君已，且若是者邪？**」

其昶案：《淮南》作「未始異於聲，而音之君已形也」。此脫「形也」二字，當據補。

9、〈徐無鬼〉頁 172。「**仲父之病病矣，可不謂云；**」

其昶案：「不謂」，《列子》作「不諱」。

五、依類書校勘例：

1、〈大宗師〉頁 50。「三人相視而笑，莫逆於心，遂相與為友莫然。有閒而子桑戶死，未葬，孔子聞之使子貢往侍事焉。」

吳汝綸曰：「莫然」屬上讀。○其昶案：《北堂書鈔》引此，亦以「有閒」爲句首。

2、〈天地〉頁 83。「夫聖人鶉居而鷇食，鳥行而無彰。」

其昶案：《藝文類聚》引作「無迹」，是也。「食」、「迹」爲韻。

3、〈天道〉頁 98。「古之人與其不可傳也死矣。」

宣穎曰：也，猶「者」。○其昶案：《御覽》引作「者」。

4、〈刻意〉頁 108。「夫有干、越之劍者，柙而藏之，不敢用也，」

其昶案：《北堂書鈔》引作「不敢輕用」。

5、〈則陽〉頁 184。「孔子之楚，舍於蟻丘之漿，」

李頤曰：蟻丘，山名。漿，賣漿家。○其昶案：「漿」、「蔣」通借。《藝文類聚》引作「蔣」，《說文》：「蔣，菰也。」《廣雅》：「蔣，菰，其米謂之雕胡。」〈吳都賦〉：「菰子作餅。」

6、〈外物〉頁 192。「吾失我常與，我無所處，吾得斗升之水然活耳，」

王引之曰：然，猶則也。○其昶案：《藝文類聚》引作「爲」。

本文考察後發現，據眾本合校例，馬氏以宋本爲主要參考，輔以張君房本、江南古藏本、文如海本；〔註58〕依本書注疏校勘例，以《經典釋文》爲主要參考，輔以郭象注、司馬彪注、成玄英疏；〔註59〕依關係書校勘例，這部份馬氏以《淮南子》、《列子》爲主要參考、輔以《管子》、《文子》；〔註60〕依類書校勘例，以《太平御覽》、《初學記》、《昭明文選》、《北堂書鈔》爲主要參考資料，宋以後類書罕作引用，可能是考量到宋以後類書品質而有的選擇。〔註61〕

〔註58〕 筆者統計，通伯引用宋本 48 例爲最多，而江南古藏本 4 例、張君房本 5 例、文如海 1 例。

〔註59〕 筆者統計，通伯引用《釋文》例 25 爲最多，而郭象注本有 7 例、司馬彪本 4 例、成玄英疏本 2 例。

〔註60〕 馬其昶對於《老子》多以思想內容作聯繫，較少校勘比對。關係書及其注釋校勘例，通伯以《淮南子》25 例、《列子》15 例爲最多，而《管子》4 例、《文子》2 例、《尹文子》1 例。

〔註61〕 王欣夫：「凡宋以前類書都可以據校。明人類書雖多，而多出臆改不可信，故不宜引據。」說見其著《文獻學講義》（台北：台灣商務印書館，1992 年出版）

馬氏校勘時，主要以「死校」為原則，而鮮用「活校」，多不輕易改字，而以異字加註於旁。資料的運用，亦有級別之分，「本書校」與「眾本校」為先，「古注校」、「關係書校」次之，最後才是」關係書注疏校」與「類書校」。每有改動皆有例證，但每一解釋只排一至二條例證，為數不多，應是以行文簡要所作的考量。

　　若以王欣夫所提出的校勘類別來檢視，〔註62〕馬氏之校勘法已頗為完備。但值得注意的是，無論校勘方式如何完備，都需提出文獻的例證，並配合文意脈絡的疏通，方能解釋效力的提昇，校勘方法的客觀態度並不保證其解讀就屬合理，仍有求各方面的檢視。以下，本文以此為方向，探討馬氏《莊子》校勘的具體成果。

第四節　校勘成果

　　所謂校勘成果，是以馬其昶自身的案語及其引文的選擇來作檢核。以王叔岷先生《莊子校詮》作為檢視標準，考察其校勘內容的判斷與成效。

一、〈天道〉頁91。

　　「虛則實，實則倫矣。」

　　江南古藏本作「備」。郭象注：「倫則理也」

　　王叔岷先生認為本應作「備」，除了據江南古藏本外，「備」與下文「得」、「責」為韻，此義較通，倫疑備之形誤。考察用韻，當屬旁證，然字義方面，若言「備」，解為因虛而能實，因實而能備，頗能通順淺顯地解釋；言「倫」則較費解，然郭象注：「倫則理也」，義亦可通，馬氏兩說並錄，當屬闕疑之舉，兩說皆存，讓讀者選擇適合的解釋。

　　　頁328。

〔註62〕就書面資料而言，王欣夫認為校勘方式可有：眾本合校例、本書互校例、上下文互校例、同類書互校例、本書古注校例、他書古注校例、古類書校例與據道藏本校例；王叔岷先生則以：選擇底本、廣蒐輔本、檢驗古注與類書、佐證關係書、熟悉文例等幾個方面提出考察。說見王欣夫《文獻學講義》(台北：台灣商務印書館，1992年出版) 頁23。王叔岷先生《斠讎學》(台北：中央研究院歷史語言研究所，1995修訂版) 頁3。

二、〈天運〉頁 100。

「汝女其然哉！吾奏之以人，徵之以天，行之以禮義，建之以太清。夫至樂者，先應之以人事，順之以天理；行之以五德，應之以自然，然後調理四時，太和萬物。」

蘇轍曰：「夫至樂者」三十五字係注語，誤入正文。

馬氏同意蘇轍意見，認為這一段文字可能是注文誤入，而不少人亦持同樣看法。如王先謙《集解》引姚云：『徐笠山以「夫至」此三十五字，為郭注誤入正文，蓋本之穎濱。宣本亦無此三十五字，云：俗本雜入。』意同馬氏。而于省吾的考察更詳盡，其云：「蘇說是也。郭慶藩《集釋》竟未採此說，疏矣。茲列五証以明之：敦煌古鈔本本無此三十五字，其證一也。『先應之以人事，順之以天理』與上『奏之以人，徵之以天』詞複，此證二也；『調理四時，太和萬物』與下『四時迭起，萬物循生』詞義俱複，其證三也；上言『行之以禮義，建之乙太清』清字與下文生、經為韻，有此三十五字，則清字失韻，其證四也；郭於三十五字之下無注，其證五也。」

于省吾先以唐寫本舉證，認為本無此字，再以內文分析，分別有用詞重複、詞義重複、失韻等現象，最後以郭象此處無注，判斷應為郭注誤入內文。然王叔岷先生對此又有一些發現，其云：『趙諫議本、道藏成疏本、王雱《新傳本》、林希逸《口義本》，皆無此三十五字。乃《疏》文竄入正文者，道藏本成《疏》尚存其舊，非郭《注》誤入正文也。于氏所謂「詞複」及「詞義俱複」不知此乃成《疏》解釋正文也。上文「吾奏之以人，徵之以天，行之以禮義，建之以太清」與下文「四時迭起，萬物循生；一盛一衰，文武倫經。」云云，本為韻文，意亦一貫。《北堂書鈔》一百零五、《玉海》一百零三引亦並無此三十五字，宣《解本》去之，是也。』〔註63〕王氏據多本古注檢視，並補充兩類書為佐證，而對于氏說稍作修正，其指出《道藏本成疏》尚存其舊，更能確定此段本非正文，而為成《疏》之誤入。

三、〈天運〉頁 104。

「孔子曰：吾乃今於是乎見龍。」

王應麟曰：《御覽》引孔子曰：「吾與汝處於魯之時，人用意如飛鴻者，

〔註63〕王叔岷先生《莊子校詮》頁 524。

吾走狗而逐之；用意如井魚者，吾爲鉤繳以投之。吾今見龍」云云，與今本異。

　　王叔岷先生《校詮》此處同馬其昶，並續加考察《藝文類聚》九十引曰下有『人如飛鴻者，吾必矰繳而射之。』，九六引有『人用意如飛鴻者，爲弓弩射之；如遊鹿者，走狗而逐之；若遊魚者，鉤繳以投之。』〔註64〕指出王應麟引自《御覽》的文字，確是佚文，但『飛鴻者』下似有脫文。不過，王叔岷先生也發現《天中記》五六有『吾與汝處於魯之時，人用意如飛鴻者，吾爲弓弩射之；如游鹿者，吾走狗而逐之；用意若井魚者，吾鉤繳以投之。』一段存錄，此雖與《類聚》佚文較似，但增字頗多，使文義有些不同，尤其是「吾」字點入，使孔子從被「射之」、「逐之」、「投之」的對象，反而轉爲作此動作的人。

　　王應麟之佚文，呈顯孔子推行仁義，然如飛鴻、遊鹿、井魚一般，不免於天刑之苦；而《天中記》的佚文，則表現孔子推行仁義，見人用意如飛鴻、游鹿或井魚者，皆射之、逐之、投之地積極教化。筆者認爲，這段文意描述孔子欲推行仁義於老子，然見老子如龍一般高深莫測，無從語之、戒之，與《天中記》裡「孔子處處主動規勸」之意義較能聯繫，且印象更爲深刻鮮明。此外，《史記·老子列傳》載：『孔子去，謂弟子曰：鳥吾知其能飛，魚吾知其能遊，獸吾知其能走。走者可以爲罔，游者可以爲綸，飛者可以爲矰。至於龍，無不知其乘雲氣而上天，吾今日見老子，其猶龍邪！』亦可知當時仍保存「吾」字，此處雖與《天中記》文字略異，依舊能表現孔子遇老子前，本有的教化企圖與自信。在這裡，王叔岷先生先多從舉證，確證佚文的存在，並反覆勘對確定佚文的性質內容，與馬氏的注解相比，王叔岷先生論證更詳。〔註65〕

四、〈繕性〉頁 109。

　　「古之治道者，以恬養知；知生而無以知爲也，謂之以知養恬。」

〔註64〕王叔岷先生《莊子校詮》頁 538。
〔註65〕但這裡仍得這注意，關於《史記》與《天中記》的文字差異，就史料而言，前者處於漢代、後者出於明代，《史記》可能較接近原本的文字內容，基於這點預設，筆者對於王叔岷先生比照《天中記》即勘定佚文，持保留看法，而以《史記》記載爲本。

王應麟曰：以恬養知者，主靜而識益明；「以知養恬」者，致知而本益固。

「生」之上當有「知」字，王叔岷先生對此肯認。又舉覆宋本「生」上有「知」字，與成疏合，《文選》嵇叔夜〈養生論〉注引此亦有知字。王氏又指出，「知」有作「智」者，如《莊子闕誤》引張君房本，兩「知」皆作「智」，《雲笈七籤》九四、《說文繫傳》三三引「生」上亦並有「智」字。〔註66〕此皆能證今本「生而無以知為也」此處，「生」上當有缺字，且當補為「知」。

五、〈秋水〉頁111。

「井黿不可以語於海者」

王引之曰：《御覽》三引《莊子》並作「井魚」，故《釋文》此句不出「黿」字。

郭慶藩《集釋》亦引王引之說，「井黿」當為「井魚」，例證頗豐。《釋文》於下文「埳井之黿」作注，若上文本作「黿」，不應沿至下文作注。王叔岷先生則舉出，《道藏》成疏本、林希逸《口義本》、褚伯秀《纂微本》、趙諫議本、覆宋本「黿」解作「蛙」。《御覽》二二（時序部七）、九三五（鱗介部七）則引黿並作魚，與《淮南子·原道》同。〔註67〕馬氏看法與此同，但較簡略。且《御覽》引「井魚」為兩處，非王引之所言的「三處」，郭氏、馬氏皆未察此誤。對此，王叔岷先生有其改正。

六、〈山木〉頁133。

「莊子曰：『此木以不材得終其天年夫！』子出於山，舍於故人之家。」

吳汝綸曰：「夫」字屬上句。

王叔岷先生指出，《釋文》無「子」字，標「夫出」二字云：『夫者，夫子，謂莊子也。本或即作「夫子」』，而認為馬氏引吳汝綸「夫字屬上句」之說，應是從《釋文》而有的判讀。王氏認同馬氏判斷，並指出「夫」其實是「矣」之誤，故屬上句讀。以《御覽》九五二所引，及《呂氏春秋·必己篇》並有矣字，是其明證。王氏推論，「矣」誤為「夫」，後人遂於夫下妄加「子」字，以之屬下讀，既稱『夫子』則此章易誤為莊徒所述矣。《藝文類聚》九一、

〔註66〕王叔岷先生《莊子校詮》頁567。
〔註67〕王叔岷先生《莊子校詮》頁586。

《意林》、《御覽》九一七、《事類賦》一九禽部二注引此皆無「夫子」二字，《呂氏春秋》同。《藝文類聚》、《御覽》、《事類賦注》引山下皆有「即邑」二字，《呂氏春秋》亦同。〔註68〕王氏解釋文意可通，且以不同源之資料多方引證，可信度較高。

七、〈山木〉頁 134。

〈山木〉「一上一下」

姚鼐曰：「上」、「下」字互易。

郭慶藩《集釋》引俞樾曰：「此本作『一下一上，以和爲量』上與量爲韻。今作『一上一下』失其韻矣。古書往往倒文以協韻，後人不知而誤改者甚多。〈秋水篇〉：『無東無西，始於玄冥，反於大通。』亦後人所改，《莊子》原文作『無西無東』與通爲韻也。」王叔岷先生認爲，今本《呂氏春秋》亦作「一上一下」上、下二字當互易，姚、俞說並是。惟二字相連，乃可謂之倒文，俞說微失。〔註69〕筆者認爲，若徒以用韻現象來看，可作旁證，然仍需更多論據。且《呂氏春秋》亦作「一上一下」同今本《莊子》，亦可能當作反證，證明今本無須改。倘若論據未備，應闕疑以待。

八、〈外物〉頁 197。

「荃者所以在魚，得魚而忘荃」

徐常吉曰：以，用也。陸德明曰：荃，香草也，可以餌魚。

諸多文獻皆作「筌」，〔註70〕而馬氏則作「荃」。對此，王叔岷先生舉出，成《疏》、《釋文》皆已說明「筌」、「荃」兩字有並用的現象，然《釋文》云：「荃，香草也。一云：魚笱。」既訓香草，又訓魚笱，則「荃」字應是較古。《古鈔卷子本》原亦作荃，後改爲筌。〔註71〕由此可知，馬氏未必以眾本爲是，而是有自己的判斷，意圖保留較古的字。

〔註68〕王叔岷先生《莊子校詮》頁 720。
〔註69〕王叔岷先生《莊子校詮》頁 723。
〔註70〕作「筌」者，依王叔岷先生統計，有《釋文本》、《道藏》諸本、《趙諫議本》、《覆宋本》，此外尚有諸多詩注，亦作筌。
〔註71〕王叔岷先生《莊子校詮》頁 1087。

九、〈天下〉頁 211。

「為之大過，已之大順」

王闓運曰：順，馴也。已之者，侈靡當止而不為者也。大馴者，戒謹已過也。其昶案：以自苦為極，故曰「為之太過」，有異同之辯則相訾，聞不違忤之詞則相應，故曰「已之太順」也。「順」，宋本作「循」。

成玄英云：「循，順也。」，所本應為循，不過，《釋文本》循作順，云：「順，或作循。」不知孰是。然俞樾云：「順讀為馴，古字並通」、郭慶藩引《說文》：「循，順行也」義皆與王闓運同。 王叔岷先生也指出，《古鈔卷子本》「循」字原同，後刪之，而於欄下出順字，下注「或作循」三字。〔註72〕

「順」字並無異義，但「已」字卻有爭論。成《疏》「已」作「己」，錢穆肯認之；俞樾則把「已」讀為「以」。對此，王叔岷先生反對成《疏》的看法，而認為「為」、「已」對文，已，止也，不為之意。又認為「順」能與「慎」通，故解為「為者太過，不為者太慎」。

筆者認為，「已」字雖有「止」義，但那是做為「曾經作為」的終止，而非「未曾作為」的停止，〔註73〕所以對王叔岷先生說法採取保留。值得注意的是，王闓運的「已之者」，是指「侈靡當止而不為者也」，此即是對曾經作為的一種終止。由此來看，「為之」與「已之」的「之」所指對象本屬不同。不過，馬氏以「有異同之辯則相訾，聞不違忤之詞則相應」，似是把「已」作「己」來看待，解釋為「同己者順」之意。馬氏應是認為己說與王闓運之說都能通，故皆備存。

十、〈天下〉217。

「芴漠無形，變化無常」

其昶案：「芴」，宋本作「寂」。

王叔岷先生舉出，成《疏》裡有：「妙本無形，故寂漠也；迹隨物化，故無常也。」《釋文本》寂作芴，云：「元嘉本作寂。」，此外，《古鈔卷子本》寂字原同，後刪寂字，而於欄上出芴字。然，王氏又引朱駿聲云：「芴，叚借

〔註72〕王叔岷先生《莊子校詮》頁 1305～1306。
〔註73〕如〈逍遙遊〉「時則不至而控於地而已矣」、「且舉世而譽之而不加勸，舉世而非之而不加沮，定乎內外之分，辯乎榮辱之境，斯已矣。」

爲忽，《荀子‧正名》：『愚者之言，芴然而粗，』《莊子》：『芴漠無形。』」《道藏》王雱《南華眞經新傳》、元《纂圖互註南華眞經》、《世德堂本》皆作芴。芴能借爲吻，《說文》：「吻，尙冥也。」與寂義近。〔註74〕

　　《元嘉本》與《古鈔卷子本》皆有作「寂」之例，與馬氏引宋本同，且資料皆比王雱《新傳》、《纂圖互註本》、《世德堂本》來的更早，可信度應較高。然考察「芴」字在《莊子》的運用，多爲恍惚不定的狀態形容，〔註75〕與「寂」字的幽冥清靜，雖皆是對道的描述，但仍是不同狀態的形容。不過，「寂」字雖能以空無清靜解釋「無形」，但對於「變化無常」的聯繫卻又不明，反之，「芴」字能以恍惚不定解釋「無形」，又能對「變化無常」作一恰當聯繫。所以筆者並不認同王叔岷先生引既引朱駿聲，又引《說文》說明芴字能作多種假借來解釋這段文獻。此處無關假借，恐是後人以「寂漠」爲常見詞所作的任意改動。〔註76〕馬氏可能考量到解釋的問題，且仍有三種文獻用「芴」字，故遵「死校法」不輕易改，選擇加註於旁聊備一格。

十一、〈漁父〉頁239。

「不擇善否，兩容頰適」

　　宋本作「顏」。其昶案：頰，借作「浹」。

王叔岷先生指出，《道藏》羅勉道循本、元纂圖互注本、世德堂本皆作「頰」，然成疏：「兩皆容納，和顏悅色。」，似本作顏，雖然釋文本顏作頰，卻又云：「善惡皆容，顏貌調適也。頰，或作顏。」，王氏最後再指出，《古鈔卷子本》「顏」字原同，後刪之，於欄上出頰字，下注「或作顏」三字。〔註77〕筆者認爲此處不易判斷，然顏、頰兩字雖異，文義卻同，能如馬氏保留異字，存

〔註74〕王叔岷先生《莊子校詮》頁1344。

〔註75〕〈至樂〉「芒乎芴乎，而無從出乎！芴乎芒乎，而無有象乎！」、「非徒無形也，而本無氣。雜乎芒芴之間，變而有氣，氣變而有形，形變而有生。」、〈天下〉「芴乎若亡，寂乎若清。」等文獻，「芴」字同「芒」皆是作一種恍惚不定模糊未清的狀態表現，並且透過〈天下篇〉的用法，更可知，芴與寂對文，雖同是對道的描述，卻仍是不同狀態的相對體現。

〔註76〕筆者統計，《莊子》「寂漠」一詞即用了三次。如〈天道〉「夫虛靜恬淡，寂漠無爲者，天地之平而道德之至，」、「夫虛靜恬淡、寂漠無爲者，萬物之本也。」、與〈刻意〉「夫恬淡寂漠、虛無無爲，此天地之平而道德之質也。」三例。

〔註77〕王叔岷先生《莊子校詮》頁1238。

作備說即可。

　　以上舉 11 例檢視《莊子故》的校勘成果，可發現馬氏用語極簡，以相當扼要的方式點出文本應有的校勘斟酌，其中死校多於活校，多存備說以表闕疑都可說是謹慎保留的校勘態度。一方面，他不輕易下結語，例如：以用韻來判字，倘若尚無其他佐證，馬氏是不取此說的。又或者是存有兩說可通者，倘若例證尚不足，馬氏會兩者並存，闕疑置之並選擇讓讀者自己判斷；另一方面，馬氏不輕易改字，而多附註於旁，此不僅減少了誤改的危險，亦提供了當時文獻處理的原貌。最後，校勘方面體現了馬氏對於前人研究的關注，而這方面的注意又能看出其不囿門戶的資料選擇，使其校勘成果，不僅自行勘定，亦存著對前人著作的廣泛吸收與揀擇。

　　這部份成果後來成為其書較為穩當的詮釋基礎，亦為後人如錢穆、王叔岷先生等幾位先生所運用。就其成果而言，後人對其訂誤不多，而以增補居多。就訂誤不多來說，可見《莊子故》的校勘是嚴謹而專業的；就增補而言，此書雖然取材極廣、判斷獨到，但由於用語過於雅潔，使得例證說明有其不足，故後人選擇增補，強化脈絡之說明，讓讀者能理解，學者們是如何地復原《莊子》文獻之面貌。

第五節　逸　篇

　　對於莊子佚文，馬氏引前人的意見作為呈述：

　　　　陸德明〈序錄〉云：莊生宏才命世，辭趣華深，正言若反，故莫能暢其弘致；後人增足，漸失其真。故郭子玄云「一曲之才，忘籬奇說，若〈閼奕〉、〈意修〉之首，〈危言〉、〈游鳧〉、〈子胥〉之篇，凡諸巧雜，十分有二。」《漢書》〈藝文志〉「《莊子》五十二篇」，即司馬彪、孟氏所注是也。言多詭誕，或似《山海經》，或類《占夢書》，故注者以意去取。其〈內篇〉眾家並同，自餘或有〈外〉而無〈雜〉，唯子玄所注，特會莊生之旨。

　　　　王應麟曰：《莊生》〈逸篇〉十有九，《淮南》〈鴻烈〉多襲其語。唐世司馬彪注猶存。《後漢書》、《文選》、《世說》注、《藝文類聚》、《太平御覽》閒見之。斷圭碎璧，亦足為籝櫝之珍。博識君子，或有取焉。又曰：北齊杜弼注《莊子》〈惠施篇〉，今無此篇，亦逸篇也。

萬希槐曰：《史記》〈老莊列傳〉：〈畏累虛〉、〈亢桑子〉之屬，皆空語無事實。《索隱》云：「莊生〈畏累虛〉，篇名也。」案：今亦無此篇。

孫志祖曰：《南史》：何子朗嘗爲敗家賦擬莊周〈馬捶〉，蓋〈馬捶〉亦逸篇也。

由上可知，自陸德明時，《莊子》已頗多殘缺，今本《莊子》更不待言，但這些資料，仍可能散見於《淮南子》或文集、類書之中，而有待人們對此考察。馬氏於《莊子故》書末，即存錄了六十三條《莊子》的逸篇文獻，此中有前人輯佚的成果，亦有馬氏自行考察的成績。以下即列出這些輯佚文獻，稍作分析。

1、「闕奕之隸與殷翼之孫、遏氏之子，三士相與謀，致人於造物，共之玄天之上。玄天者，其高四見列星。」

司馬彪曰：玄天，山名。○萬希槐曰：見《文選》注。

2、「游鳧問雄黃曰：『今逐疫出魅，擊鼓呼噪，何也？』雄黃曰：『黔首多疾，黃帝氏立，巫咸使黔首沐浴齋戒，以通九竅；鳴鼓振鐸，以動其心；勞形趨步，以發陰陽之氣；飲酒茹蔥，以通五藏。』夫擊鼓呼噪，逐疫出魅鬼，黔首不知，以為魅崇也。」

萬希槐曰：見《御覽》。

3、「插桃枝於戶，連灰其下，童子入不畏，而鬼畏之，是鬼智不如童子也。」

翁元圻曰：見《類聚》。

4、「童子夜嘯，鬼數若齒。」

翁元圻曰：見《類聚》。

5、「小巫見大巫，拔茅而棄，此其所以終身弗如。」

萬希槐曰：見《御覽》。

6、「尹需學御三年而無所得，夜夢受秋駕於其師。明日朝其師，其師望而謂之曰：吾非獨愛其道也，恐子之未可與也，今將教子以秋駕。」

司馬彪曰：秋駕，法駕也。○翁元圻曰：《漢》〈禮樂志〉師古注：「莊子有秋駕之法者，亦言駕馬騰驤秋秋然也。」○其昶案：《困學紀聞》此條有節文，今據翁載青引〈魏都賦〉注補。

7、「空閱來風，桐乳致巢，此以其能苦其性者。」

司馬彪曰：門戶孔空，風善從之。桐子似乳，著其葉而生，其葉似箕，鳥喜巢其中也。○翁元圻曰：宋玉賦：「空穴來風。」潘岳詩注引《莊子》，亦作「空穴」。○其昶案：「閱」、「穴」通借。《老子》「審其兌」，兌即閱也。

8、「紼謳所生，必於斥苦。」

司馬彪曰：紼，引柩索也。斥，疏緩也。苦，用力也。引紼所以有謳歌者，為人用力不齊，故促急之也。○萬希槐曰：見《世說》注。

9、「庚市子肩之毀玉也。」

萬希槐曰：見《文選》注，李善又引《淮南子》〈莊子後解〉曰：「庚市子，聖人無慾者也。人有爭財相鬪者，庚市子毀玉於其閒，而鬪者止也。」

10、「孔子病，子貢出卜，孔子曰：汝待也！吾坐席不敢先，居處若齋，食飲若祭，吾卜之久矣。」

萬希槐曰：見《御覽》。

11、「老子見孔子，從弟子五人，問曰：『前為誰？』對曰：『子路，勇且多力。其次子貢，為智，曾子為孝，顏回為仁，子張為武。』老子嘆曰：『吾聞南方有鳥，名曰鳳凰。之所居也，積石千里，河水出下，鳳鳥居上，天為生食。其樹名瓊枝，高百仞，以珍琳琅玗為質，天又為生離珠，一人三頭，遞起以伺琅玗。鳳鳥之文，戴聖嬰仁，右智左賢。』」

萬希槐曰：見《御覽》。

12、「善卷，堯聞其得道之士，乃北面而師事之。蒲衣八歲，而舜師之。」

翁元圻曰：見《御覽》。

13、「廉者不食不義之食，不噉不義之水。」

萬希槐曰：見《御覽》。

14、「仲尼讀書，老聃倚竈觚而聽之，曰：『是何書也？』曰：『《春秋》也。』」

原注：觚，竈額也。○其昶案：《紀聞》少末二句。「讀書」作「讀《春

秋》」，今據翁引《類聚》補。

15、「莊子謂惠子曰：『羊溝之雞，三歲為株，相者視之，則非良雞也；
　　然而數以勝人者，以狸膏塗其頭。』」
　　司馬彪曰：羊溝，鬥雞處。株，魁帥也。雞畏狸也。○其昶案：《紀聞》
　　無首六字，今據翁引《類據》補。

16、「惠子始與莊子相見，而問乎莊子曰：『今日自以為見鳳凰，而徒
　　遭燕雀耳！』坐者俱笑。」
　　翁元圻曰：此條見何書當考。

17、「豫樟之生，可抓而絕。」
　　萬希槐曰：見《文選》注。

18、「鵲上高城之垝，而巢於高榆之顛，城壞巢折，淩風而起。故君子
　　之居世者，得時則義行，失時則鵲起。」
　　司馬彪曰：垝，最高危險之處也。○翁元圻曰：見《類聚》。

19、「金鐵蒙以大緤，載六驥之上，則致千里。」
　　萬希槐曰：見《御覽》。

20、「孔子舍於沙丘，見主人，曰：『辯士也。』子路曰：『夫子何以
　　識之？』曰：『其口窮踦，其鼻空大，其服博，其睫流，其舉足
　　也高，其踐地也深，鹿與而牛舍。』」
　　萬希槐曰：見《御覽》。

21、「青鶂愛子忘親。」
　　司馬彪曰：鶂鳥專愛其子，而忘其母也。○萬希槐曰：見《御覽》。

22、「聲氏之牛夜亡，而遇夔，止而問焉：『我有四足，動而不善，子
　　一足而超踊，何以然？』夔曰：『以吾一足，王於子矣！』」
　　萬希槐曰：見《御覽》。

23、「市上之人有善戴尊者，累十尊而行。人有與之更者，行道未半，
　　而以其尊顛。」
　　原注：酒尊也。萬希槐曰：見《御覽》。

24、「亡羊而得牛，斷指而得頭。」
　　萬希槐曰：見《御覽》。

25、「羌人死，燔而揚其灰。」

翁元圻曰：見《御覽》。

26、「子張見魯哀公，不禮士也，託僕夫而去，曰：『臣聞君好士，故不遠千里而見。君之禮士也，有葉公子高之好龍，室彫文盡寫以龍，於是天龍下之，窺頭於牖，施尾於堂，葉公見之，棄而還走，失其魂魄，五色無主。是葉公非不好龍也，好夫似龍而非龍也。今君非不好士也，好夫似士而非士者也！』」

萬希槐曰：見《文選》注。

27、「流脈並作，則為驚怖；陽氣獨上，則為顛病。」

萬希槐曰：見《御覽》。

28、「以十鈞射者，見天而不見雲；以七鈞射者，見鵠而不見鷂；以五鈞射者，見鷂而不見雀。」

萬希槐曰：見《類聚》。

29、「函牛之鼎沸，蟻不得措一足焉。」

原注：喻聖主之法明，奸至不敢蹈也。○萬希槐曰：見《後漢書》注。

30、「趙簡子出田，鄭龍為右，有一野人。簡子曰：『龍，下射彼，使無驚吾馬！』三命鄭龍，鄭龍不對。簡子怒，鄭龍曰：『昔吾先君伐衛克曹，退為踐土之盟，不戮一人。君今一朝田，而曰：必為我殺人，是虎狼殺人。故將救之。」簡子愀焉，曰：「不愛其身以活人者，可無從乎？」還車輟田，曰：『人之田也得獸，今吾田也得士。』」

萬希槐曰：見《御覽》。

31、「梁君出獵，見白雁羣聚。梁君下君，彀弩欲射之。道有行者不止，白雁羣駭，梁君怒，欲射行者。其御公孫龍下車，輔其心。梁君忿然作色而怒曰：『龍不與其君，而故與他人，何也？』公孫龍對曰：『昔者齊景公之時，天旱三年，卜之，曰：必以人祠乃雨。景公下堂，頓首曰：『吾所以求雨者，為民也；今必使吾以人祠乃且雨，寡人將自當之。』言未足，而天大雨方千里者。何為？有德於天，而惠施於民也。今主君以白雁之故而欲射殺人，無異於虎狼。』梁君援其手，與上車，歸，入郭門，呼萬歲，

曰：『樂哉！今日獵也，人獵皆得禽獸，吾獵獨得善言而歸。』」

翁元圻曰：見《御覽》。

32、「人而不學，命之曰「視皮」，學而不行，命之曰「輒囊」。」

原注：輒，繫者也。一作「撮」。○萬希槐曰：見《御覽》。

33、「秋禽之肥，易牙和之，非不美也，彭祖以為傷壽，故不食之。」

萬希槐曰：見《御覽》。

34、「祝牧謂其妻曰：天下有道，我戟子佩；天下無道，我負子戴。」

萬希槐曰：見《御覽》。

35、「異姓而王，封於泰山、禪於梁父者七十有二代，其有形兆垠堮勒
石，凡千百餘處。」

萬希槐曰：見《後漢書》注。

36、「槐之生也，入季春，五日而兔目，十日而鼠耳，更旬而始規，二
旬而葉成。」

原注：鶌爲鷞，鷞爲布穀，布穀爲鶌，此物變也。○萬希槐曰：見《御
覽》。

37、「盧敖見若士，深目鳶肩。」

萬希槐曰：見《御覽》。

38、「禮若亢鋸之柄。」

原注：亢，舉也。禮有所斷割，猶舉鋸之柄以斷物也。○萬希槐曰：
見《御覽》。

　　以上三十八條資料，皆取自王應麟《困學紀聞》之輯佚，然少引一條佚
文，不知何故。〔註78〕此外，馬氏多引用翁元圻、萬希槐等人的意見標明佚
文出處或作簡要訓釋，一方面便於後人閱讀與覆核，另一方面也對前人的輯
佚，提出局部的修正考察。

〔註78〕王應麟《困學紀聞》共輯 39 條《莊子》佚文。馬其昶只采 38 條，最後一條
　　　「叔文相莒三年歸，其母自績，謂母約『文相莒三年，有馬千駟，今母猶績，
　　　文之所得事，皆將棄之已。』母曰：『吾聞君子不學《詩》、《書》、射御，必
　　　有博塞之心；小人不好田作，必有竊盜之心；婦人不好紡績織紝，必有淫泆
　　　之行。好學爲福也，猶飛鳥之有羽翼也。』」並未存錄，不知何故。王應麟《困
　　　學紀聞》（遼寧：遼寧教育出版社，1998 年出版）頁 223。

39、「楚人賣矛及楯者，見人來賣矛，即謂之曰：『此矛無何不徹。』
見人來買楯，則又謂之曰：『此楯無何能徹者。』買人曰：『還將
爾矛刺爾楯，若何？』」

孫志祖曰：見《穀梁傳》疏。

40、「魖二首。」

孫志祖曰：見《顏氏家訓》。

41、「有繫之謂懸，無謂之解。」

孫志祖曰：見《文選》注。

42、「襄公之應司馬目夷，知大體者也。」

孫志祖曰：見《文選》注。

43、「兩袒女浣於白水之上者，禹過之而趨曰：『治天下若何？』女曰：
『股無胈，脛不生毛，顏色裂凍，手足胼胝，何以至是也！』」

孫志祖曰：見《文選》注。

44、「陰氣伏於黃泉，陽氣上通於天，陰陽不爭，故曰霓。玉女投壺，
天為之笑，則電陽炙陰為虹。」

孫志祖曰：見《類聚》。

45、「海水三歲一周，流波相薄，故地動。」

孫志祖曰：見《類聚》。

46、「巧瓜化為魚，物之變。」

孫志祖曰：見《類聚》。○其昶案：以上八條孫氏補輯，載《讀書脞錄
續編》。

47、「生物者不生，化物者不化。」

翁元圻曰：見《列子》〈天瑞篇〉，張湛注：「《莊子》亦有此文」，並
引向秀注。○其昶案：以上翁輯一條。

48、「宋桓侯行，未出城門，其前趨呼曰避，至於家，家人正之，以為
狂也。」

原注曰：乎避，使人避道也。家人謂狂，正而不聽。此乃言聞其所未
聞，則以為狂也。○黃奭曰：見《御覽》。

49、「周周銜羽以渡河。」

原注：周周，河上鳥也。頭重尾輕，足以銜他鳥飛過河，如人之不可不求益於物，以補其所短也。○黃奭曰：見《御覽》。

50、「童子埋蜻蜓頭，而化為珠。」

黃奭曰：見《御覽》，又《太平廣記》引司馬彪云：「言童子埋蜻蜓之頭，不食而舞，曰：此當爲珠。人笑之。」

51、「商賈旦於市井，以求其贏。」

黃奭曰：見《文選》注。

52、「胥士之殉名，貪夫之殉財，天下皆然，不獨一人。」

黃奭曰：見《文選》注。

53、「夫輕爵祿者，人之所託材。」

注：材，身也。○黃奭曰：見《文選》注。

54、「多言而不皆。」

注：皆，視也。○黃奭曰：見蕭該《漢書》〈音義〉。○其昶案：以上黃輯七條，載《逸莊子》。

以上十五條資料，則是分別收錄孫志祖與黃奭的集佚成果，可見馬氏對於時人的輯佚成果亦多所留意與運用。

55、「陽燧見日，則然為火。」

《御覽》三。

56、「陰陽交爭為雷。」

十三。

57、「騰水上溢故為霧。」

十五。

58、「有挂雞於戶，懸葦炭於其上，樹桃其旁，而鬼畏之。」

二十九。

59、「乃有雞子、五熏，鍊形。」

原注：正旦皆當生吞雞子一枚，謂之練形。又晨食五辛菜，以助發五藏氣。二十九。

60、「大勇不鬪，大兵不寇。」

四百三十七。

61、「夢者，陽氣之精也。心所喜怒，則精氣從之。」

　　三百九十七。

62、「軌結於千里之外，輪不迹於地。」

　　七百七十五。

63、「師曠為晉平公作〈清角〉，一奏，有雲從西北起；再奏，有大風
　　大雨隨之，裂帷幕，破俎豆，墮廊瓦。平公懼，伏於室內。」

　　七百六十七。○以上九條，其昶據《御覽》補。

以上九條即馬氏自行校勘的成果。就當時莊學著作而言，《莊子集釋》、
《南華真經正義》、《莊子集解》皆未考察佚文，或者存錄前人輯佚成果。有
別於此，馬氏對此相當重視。不過，隨著《莊子》研究的積累，後人的集佚
成果更多，如馬敘倫的《莊子義證》即有 128 條資料，已倍於馬氏之存錄，
而王叔岷先生《莊子校詮》，集佚資料更達 178 條，成果驚人。而這些佚文，
對於復原《莊子》文本，有著相當助益。此外，也給予許多不同面相的思考，
如王叔岷先生即指出，「矛盾」此一寓言，本屬《莊子》佚文，可見《韓非
子》應是讀過《莊子》，而有此吸收。而其他資料，雖然不少是以殘缺片段
的形式存錄下來，但仍保存不少古代風俗習性的某些特徵，使人在考察古代
社會時有更多的線索可循。

　　藉由本章的討論，可看出《莊子故》在版本、校勘方面，有其文獻學基
礎。倘若要探求身為桐城學派弟子的馬其昶，何以有如此的成績，這或許可
以聯繫到其家學淵源的影響。清代考據學者馬宗璉與馬瑞辰，即為馬其昶的
曾祖父與祖父輩的族老，馬其昶師承桐城一派，然家學卻屬漢學家考據風格
治學。下章將對此作討論，闡明其家學淵源的影響，並藉此觀察其考據成果。

第三章　以訓注《莊》

　　以訓注莊，「訓」即是指對《莊子》一書的文意訓釋，其中包括清代樸學的考據方式，也含括文理義理之探究。本章前段先釐清馬其昶的漢學派家學脈絡，探討《莊子故》的考據方式的治學背景。後段則以《莊子》疑義為例，檢視馬其昶的訓釋效力，從而呈顯《莊子故》訓釋方面的特色與成果。

第一節　漢學派家學

　　歷來論及馬其昶的學術背景，多言其師承張裕釗、吳汝綸，注意到桐城學派的文學色彩，反而忽略了馬氏一家，有著考據風格的漢學家歷史。為其曾祖父輩的馬宗璉即為漢學家，〔註1〕據《清史稿‧儒林傳》記載：

> 馬宗璉，字器之，桐城人。由舉人官東流縣教諭。嘉慶六年成進士，又一年卒。少從舅氏姚鼐學詩、古文詞，所作多沉博絕麗，既而精通古訓及地理之學。鄉舉時，以解《論語》過位、升堂合於古制，大興朱珪亟拔之。後從邵晉涵、任大椿、王念孫遊，其學益進。嘗以解經必先通訓詁，而載籍極博，未有彙成一編者，乃偕同志孫星衍、阮元、朱錫庚分韻編錄，適南旋中輟。其後元視學江、浙，萃諸名宿為《經籍纂詁》，其凡例猶宗璉所手訂也。生平敦實，寡嗜好，

〔註1〕馬宗璉，《清史稿》與孫雨航《近四百年來安徽學人錄》作馬宗槤。《明清歷科進士題名碑錄》、《清史稿校注》、《皇清經解》收錄的《春秋左傳補注》與馬其昶《桐城耆舊傳》、《抱潤軒文集》、劉聲木《桐城文學淵源撰述考》皆作馬宗璉，筆者從此，一方面文獻多作「馬宗璉」，另一方面馬其昶對清儒軼事多有考究，且為其後人，考察其名應較可信。

惟以著述為樂。嘗撰《左氏補注》三卷，博徵漢、魏諸儒之說，不
苟同立異。所著別有《毛鄭詩詁訓考證》、《周禮鄭注疏證》、《穀梁
傳疏證》、《說文字義廣證》、《戰國策地理考》、《南海鬱林合浦蒼梧
四郡沿革考》、《嶺南詩鈔》，共數十卷，《校經堂詩鈔》二卷。〔註2〕

姚鼐為馬宗璉之舅舅（姚鼐亦馬其昶遠親），馬宗璉年少從學於姚鼐，學習古
文詞章，然對於名物訓詁考據探究亦頗精通。並與邵晉涵、王念孫、孫星衍、
阮元等人交遊，治學主張「以解經必先通訓詁，而載籍極博」，並為《經籍纂
詁》編定凡例，儼然漢學風格之體現。此治學風格，一方面是受乾嘉時期考
據風氣影響所至，另一方面也可追溯到姚鼐的治學主張，本有義理、詞章、
考據三者並重之原則。所以師承內容本不廢考據，學術態度本具開放性，由
此形成兼容漢、宋的學術格局。而其子馬瑞辰，亦承此治學方式，據《清史
稿》記載：

馬瑞辰，字元伯。嘉慶十五年進士，選翰林院庶吉士。散館，改工
部營繕司主事。擢郎中，因事罣誤，發盛京效力。旋賞主事，奏留
工部，補員外郎。復坐事發往黑龍江，未幾釋歸。歷主江西白鹿洞、
山東嶧山、安徽廬陽書院講習。髮逆陷桐城，眾驚走，賊脅之降，
瑞辰大言曰：「吾前翰林院庶吉士、工部都水司員外郎馬瑞辰也！吾
命二子團練鄉兵，令仲子死，少子從軍，吾豈降賊者也？」賊執其
髮，熱其背而擁之行。行數里，罵愈厲，遂死，年七十九。事聞，
恤廕如例，敕建專祠。瑞辰勤學著書，耆而不倦。……撰《毛詩傳
箋通釋》三十二卷，以三家辨其異同，以全經明其義例，以古音、
古義證其譌互，以雙聲、疊韻別其通借。篤守家法，義據通深。同
時長洲陳奐著《毛詩傳疏》，亦為專門之學。猶是治《毛詩》者，多
推此兩家之書。〔註3〕

馬瑞辰承其父馬宗璉之學風，更進一步討究《詩經》傳箋的義例關係，從中
發現《毛傳》的通假現象，而主張「以三家辨其異同，以全經明其義例，以
古音、古義證其譌互，以雙聲、疊韻別其通借。」的考據方法。比起馬宗璉，
馬瑞辰有著更明確的方法意識去尋求文獻佐證，使其漢學家法更加的鮮明。

〔註2〕《清史稿·列傳兩百六十九，儒林三》（台北：新文豐出版社，1981年出版）
頁1484。
〔註3〕趙爾巽編《清史稿·儒林傳》（台北：新文豐出版社，1981年出版）頁1484。

　　關於馬宗璉與馬瑞辰的生平記述，亦可見於《清儒學案》與馬其昶的《桐城耆舊傳》，資料間僅詳略有別，出入不大，而以《桐城耆舊傳》的記載較詳。值得注意的是，馬其昶也曾參與修編《清史稿》，並完成〈儒林傳〉、〈文苑傳〉等部份，但今日《清史稿》這段文獻恐非馬其昶所作，而是繆荃孫所編纂，〔註4〕所以傳中卻並未提及馬宗璉父子與馬其昶的關係。馬其昶的祖父馬樹章為馬瑞辰的族中胞弟，〔註5〕馬瑞辰為馬其昶祖父輩的伯祖父。所以雖屬同族淵源，但並非嫡傳子嗣，〔註6〕故《桐城縣志》與《桐城文化志》對於兩者皆聯繫，而一般研究卻罕為提及兩者關係。〔註7〕

　　有意思的是，馬其昶祖父馬樹華，為馬宗璉之族子，亦曾師承於姚鼐，〔註8〕其為文博稽典章制度，著作雖不多，然亦帶漢學風格。於今可見的著作，馬宗璉有《春秋左傳補注》，馬瑞辰有《毛詩傳箋通釋》。由於馬瑞辰與馬其昶時代較近，且著書關係彼此互有明顯互應，故家學方面，以馬瑞辰為主要討論對象。

　　馬瑞辰著述的《毛詩傳箋通釋》為清代著名的《詩經》論著，其中以校勘、考據為其勝場，有承於此，馬其昶亦具備校勘與考據之文獻處理，並續撰了《詩毛詩學》，承馬瑞辰的詩經理念，深入《毛詩》之探究，並以此為注解詩經的重要方向。我們可以觀察一下兩人的方法與態度。馬瑞辰《毛詩傳箋通釋》凡例云：

〔註4〕同時參與《清史稿・文苑傳》編纂的的尚有繆荃孫。金梁〈重印文苑傳敘〉曾云：「繆君荃孫、馬君其昶各撰有全稿。蓋清史設館以後二君分纂，各行己意，不盡據國史舊本也。繆詳實而馬簡潔。余擬以繆稿為主，參以馬稿，而畫一之。柯代館長劻宸，則儒林取繆，而文苑取馬。屬即校勘，兩者互有詳略，合併為難，先刻儒林。余僅為補俞樾、王闓運、王先謙、鄭杲等數傳，未敢贊一辭也。及刊文苑，既與儒林，非出一手，取其各異，體例迥殊，有重複者，有漏略者，不得不重加參定，以免疏繆。」由此文獻來看，今日的《清史稿・儒林傳》應出自繆荃孫之稿，而非馬其昶。以上資料參考自，金梁《道咸同光四朝佚聞》（台北：廣文書局，1978 出版）頁 94。

〔註5〕據劉聲木《桐城文學淵源撰述考》記載，馬宗璉為馬樹華之族父。說見劉聲木《桐城文學淵源撰述考》頁 162。

〔註6〕故馬其昶屢稱馬宗璉、馬瑞辰為「吾家二先生」。語見，馬其昶《桐城耆舊傳》（台北：文海出版社，1969 年出版）頁 573、579。

〔註7〕馬瑞辰或馬其昶的相關研究，目前罕有人對兩人家學淵源作過聯繫。唯孫維城〈馬其昶《毛詩學》研究〉，對此有稍作介紹。

〔註8〕馬其昶《桐城耆舊傳》、劉聲木《桐城文學淵源撰述考》皆記載馬宗璉與馬樹華同師事姚鼐一事。

1、詩自《齊》、《魯》、《韓》三家既亡，說《詩》者以《毛詩》為最古。據《鄭志》答張逸云：『注《詩》宗毛為主，毛義隱略，則更表明。』是鄭君大旨，本以述毛，其箋《詩》改讀，非盡易《傳》。而《正義》或誤以為毛、鄭異義。又鄭君先從張恭祖受《韓詩》，凡《箋》訓異毛者，多本《韓》說。其答張逸亦云：『如有不同，即下己意。』而《正義》又或誤合《傳》、《箋》為一。瑞辰粗掌二學，有確見其分合異致，為《義疏》所剖析者，各分疏之，故以《傳箋通釋》為名。

2、《毛詩》用古文，其經字多假借，類皆本於雙聲、疊韻，而《正義》或有未達。有可證之經傳者，均各考其源流，不敢妄憑肊見。

3、《三家詩》與《毛詩》各有家法，實為異流同原。凡三家遺說有可與《傳》、《箋》互相證明者，均各廣為引證，剖判是非，以歸一致。

4、《毛詩》經字流傳，不無焉魯。有可即《傳》、《箋》注釋以辨經文譌誤，鄙見所及，均各分條疏。

5、考證之學，首在以經證經，實事求是。顧取證既同，其說遂有出門之合。瑞辰昔治是經，與郝蘭皋戶部、胡墨莊觀察有針芥之投，說多不謀而合，非彼此或有襲取也。

6、說經最戒雷同。凡涉獵諸家，有先我得者，半皆隨時刪削。間有義歸一是，而取證不同，或引據未周，而說可加證，必先著其為何家之說，再以己說附之。而取證不同，或引據未周，而說可加證，必先著其為何家之說，再以己說附之。又有積疑既久，偶得一說，昭若發矇，而其說或未廣布，遂兼取而詳之。亦許叔重「博采通人」之意也。

7、是書先列毛、鄭說於前，而唐宋元明諸儒及國初以來各經師之說，有較勝漢儒者，亦皆采取，以闢門戶之見。

對照馬其昶《詩毛氏學》，其序言：

> ……兩漢儒者說經，曷嘗不務明大義，然詩書當焚禁之餘，去古久遠，訓詁制度莫明，明其粗者，於其精者則引其端，躍如也。詁經之體，固宜若是，惟《毛詩》為然。唐詔儒臣采集眾說疏通證明亦

多粗者，宋儒讀注疏乃益進，而求其意旨之所在，久之，人自爲説，
至廢序不用，注疏束高閣矣。今使讀同時人集，去其前提，而以意
測其詩旨，云何鮮有當者，況出於古人兩千餘年以上之詩篇哉。……
清代經師懲明季空腹高談之弊，崇尚樸學，於《詩》信小序宗毛、
鄭是已，宋後儒者之説乃擯不與。其考訂訓詁過唐代遠甚，立漢學
之名自標異然，以校漢儒經注，則見其辭益繁義益瑣。……是《詩》
與《春秋》皆聖人經世之志之所存也，然不通其辭，則其義不著，
不博稽載籍逆之以意，則其辭莫由通焉。……予治《詩》，一以《毛
傳》爲宗，三家之訓可互通者亦兼載之，多存周、秦舊説，自唐到
今不區分門戶，義取其切，辭取其簡，其有異解，不加駁難，是者
從之，務在審其辭氣，求其立言之法，以明經大義而已。……

對照之下可發現，馬其昶與馬瑞辰皆以《毛詩》爲宗，兼取三家詩來闡明詩
旨。方法上兩人都講求考據、文獻之論據，避免無稽之談，而取材範圍「自
唐到今不區分門戶」，則能擴大詮釋視域之視野。然而處於清末的馬其昶，亦
已見到清儒注疏「辭益繁義益瑣」之流弊，而主張「義取其切，辭取其簡，
其有異解，不加駁難，是者從之」，而求博觀約取。

　　從馬瑞辰的著作也可觀察到，其對於歷代注釋內容的梳理，對史事背景
的探究，甚至比字義方面的訓釋更來的精彩。馬瑞辰不僅注意到經典原初之
歷史，更注意到歷代經典詮釋的歷史，這些都是助於理解經典的重要資料。

　　參照之下，馬其昶同樣也從歷史脈絡，參考歷代注解《詩經》的特色與
意義，而能釐清，並兼容漢、宋之學。而「務在審其辭氣，求其立言之法，
以明經大義而已」也體現其重視文例文氣之配合，以求詩旨、史事的暢明。
此皆呈現馬瑞辰與馬其昶著述方面的呼應關係。

　　馬其昶的《詩毛詩學》與《莊子故》，雖屬不同領域之作品，但就著述態
度來看，兩者殊途同歸。而《詩毛詩學》自述宗旨較爲詳細，或能補《莊子
故》尚未言明之處。陳三立曾爲《詩毛詩學》作序，稱許馬氏：

博觀約取，實是求是，合於毛氏傳意者輯述之，其不合者蘄置之。
無漢、宋門戶，並無今古門戶，自韓氏詩傳，與伏、董之書，下及
宋元而後諸經合鑪而冶，與道大適。爲之按語，又皆絜淨精微，得
溫柔敦厚之旨。

此序雖不免溢美，但其點出「博觀約取，實是求是」、「無漢宋門戶」、「按語，

又皆絜淨精微」等特色，視爲《莊子故》的著述原則亦能相合。這也顯現馬其昶治學理念的一貫性，以及文史哲不分家之格局。

第二節　《莊子故》的考據方式

馬其昶名此書爲《莊子故》，「故」指「故訓」，意同《毛詩故訓傳》，〔註9〕從字義、文義訓釋的梳理與考訂中，來理解《莊子》。不過馬其昶之考據，比一般清儒繁瑣的考據來得簡潔，但也由於過於簡潔，導致例證較爲不足。《莊子故》的訓釋方式有以下幾種，本文略分有：

一、辨通借。本有其字，音同音近而借其義。

1、〈則陽〉頁184。「孔子之楚，舍於蟻丘之漿」

李頤曰：蟻丘，山名。漿，賣漿家。○其昶案：「漿」、「蔣」通借。《藝文類聚》引作「蔣」，《說文》：「蔣，菰也。」《廣雅》：「蔣，菰，其米謂之雕胡。」〈吳都賦〉：「菰子作餅。」

2、〈逸篇〉頁242。「空閱來風，桐乳致巢，此以其能苦其性者。」

司馬彪曰：門戶孔空，風善從之。桐子似乳，著其葉而生，其葉似箕，鳥喜巢其中也。○翁元圻曰：宋玉賦：「空穴來風。」潘岳詩注引《莊子》，亦作「空穴」。○其昶案：「閱」、「穴」通借。《老子》「審其兌」，兌即閱也。

二、讀曰、讀爲。用本字改讀假借字，易字而通其音義。

1、〈大宗師〉頁51。「相造乎道者，無事而生定。」

其昶案：生，讀爲牲。

2、〈天地〉頁81。「不拘一世之利以爲己私分」

其昶案：《荀子》注：「拘，讀爲鉤。鉤，規也，取也。」

〔註9〕錢大昕《經籍籑詁・序》云「古訓者詁訓也」。「故」同「詁」，《毛詩詁訓傳》本名《毛詩故訓傳》。「故」原指故言、古語，後來轉變爲解釋古語。鄭玄《毛詩傳箋》：「故訓，先王之遺典也。」古訓有意指爲先聖先王之教訓。說見，阮元《經籍籑詁》，收錄於《辭書集成》（北京：團結出版社，1993年出版）第十冊，頁707。

3、〈天地〉頁88。「與形滅亡」

其昶案：與，讀爲「舉」。

4、〈天運〉頁100。「一清一濁，陰陽調和，流光其聲」

其昶案：光，讀爲「廣」。

5、〈徐無鬼〉頁176。「夫仁義之行，唯且無誠」

其昶案：唯，讀曰「雖」。且，苟且也。

6、〈則陽〉頁190。「道不可有，有不可無」

其昶案：「有不」之「有」，讀爲又。

7、〈外物〉頁194。「聖人躊躇以興事，以每成功。」

其昶案：每，讀爲「晦」，〈胠篋〉〈釋文〉：「每每，猶昏昏。」

8、〈外物〉頁196。「耳徹爲聰，鼻徹爲顫」

其昶案：顫，讀曰「馨」。《禮》：「燔燎羶薌」，注「羶，當爲馨，聲之誤也。」「顫」與「羶」同，見《列子》〈釋文〉。

9、〈寓言〉頁198～199。「而無經緯本末以期年耆者」

其昶案：期，讀爲「其」，《左傳》「楚子期」，《越絕書》引作「其」。

10、〈寓言〉頁200。「而其未之嘗言也」

其昶案：其，讀爲「豈」。言勤志服知之說，孔子已自謝之，夫豈未之嘗言？故下引孔子語，以證其所見，蓋進乎此矣。

11、〈天下〉頁219。「惠施日以其知與人之辯」

其昶案：與，讀爲「舉」。〈徐無鬼篇〉「知之所不能知者，辯不能舉也。」

三、辨同義。未必有聲音聯繫的字義訓釋。

1、〈德充符〉頁40。「無幾何也，去寡人而行，寡人卹焉若有亡也」

其昶案：卹，義同亡。〈徐無鬼〉：「若卹若失。」

2、〈則陽〉頁181。「雖使丘陵草木之緡入之者十九，猶之暢然：況見見聞聞者也！」

姚鼐曰：緡，乃茫昧不分之意。〈在宥篇〉「當我緡乎」同此解。舊都雖入於芒昧者十九，所見才十一耳，已自暢然，況見聞親切者乎？○

其昶案：入，與沒同義。《國語》注：「沒，入也。」林希逸曰：「見見聞聞」，即佛氏所謂「本來面目」。

3、〈列禦寇〉頁206。「夫何足以上民！彼宜女與予頤與誤而可矣。」

　姚鼐曰：「誤」當作「誒」，言民但宜彼此相順娛誒而已矣。○其昶案：《道因碑》：「頤然理順。」頤，即怡也。頤、誒義同。〈則陽篇〉「其於物也，與之為娛矣。」

4、〈列禦寇〉頁208。「錫車十乘，以其十乘驕稺莊子。」

　其昶案：驕、稺二字同義。《管子》注：「稺，驕也。」

5、〈天下〉頁212。「禹親自操槀耜而九雜天下之川」

　陸德明曰：槀，崔、郭音託，則字應作「橐」。「九」，本亦作「鳩」，聚也。其昶案：九、雜同義。《呂覽》注：「雜，聚也。」洪水泛濫，故聚之川以歸於海。

四、審文例。掌握語言環境，探求句法規律來釐清文義。

1、〈德充符〉頁37。「正幸能正生以正眾生。」

　其昶案：正幸之「正」，語詞也。

2、〈大宗師〉頁52。「且彼有駭形而無損心，有旦宅而無情死。」

　其昶案：且，同「但」。《淮南》「媒但者，非學謾也」，注云：但，猶詐也。「且」、「但」，皆「誕」之借字。旦宅，與情死對文。情者，誠也、實。形為假宅，故有駭動；心非實死，故無損累。《淮南》作「且人有戒形，而無損於心；有綴宅，而無耗精」。「戒」即「騛」，與「駭」同。彼注云「精神居其宅，則生；離其宅，則死」。言人雖死，精神終不耗減。

3、〈天地〉頁82。「治，亂之率也」

　其昶案：「治」字斷句。《爾雅》：「率，自也。」〈天運篇〉名曰：「治之而亂莫甚焉。」

4、〈天運〉頁98。「孰主張是？孰維綱是？孰居無事推而行是？」

　其昶案：行，古音杭。居，語詞。孰居，猶誰其。

5、〈秋水〉頁112。「人卒九州，穀食之所生，舟車之所通」

　俞樾曰：「人卒」，「大率」之誤。○其昶案：卒，亦人也。〈天地篇〉「人

卒雖眾」，〈至樂篇〉「人卒聞之」，並同。

6、〈庚桑楚〉頁163。「所以惡乎備者，其有以備，故出而不反，見其鬼」

其昶案：不，讀曰「否」。「出而否」，與「出而得」對文。求備，則有貪生之心。生而不善，無殊於鬼。

7、〈則陽〉頁187。「史鰌奉御而進所。」

司馬彪曰：史鰌，史魚也。○其昶案：「所」字屬上為句，讀如「行在所」之「所」，謂奉幣而進於君所也。〈西京賦〉「搏耆龜」，注「搏，拾取之名」。取幣而扶翼，與同浴各自為一事。

8、〈天下〉頁214。「請欲置之以為主。」

其昶案：《墨子》云：「今天下之王公大人士君子，請將欲富其國家。」又云：「為政於國家者，情欲譽之，審賞罰之當。」王懷祖說墨子書「情」「請」二字並與「誠」通，是也。此及下文「請欲」皆即「誠欲」，與《墨子》同訓。置之以為主，置合驪之心，以為行道之主也。

五、辨字音。純字音辨讀，而無字義聯繫。

有兩種辨音方式。第一種是直接以同音字表示。如：

蜩音條。〔註10〕枋音方。〔註11〕蛄音姑。〔註12〕數音朔。〔註13〕泠音零。〔註14〕爝音爵。〔註15〕

以上用例取自〈逍遙遊〉，統計全書，以同音字判讀得用力，約有282例。第二種則是以反切來作判讀。如：

搏徒端反。〔註16〕閼於葛反。〔註17〕槍七良反。〔註18〕控苦貢反。〔註19〕滄七

〔註10〕《莊子故》頁2。
〔註11〕《莊子故》頁3。
〔註12〕《莊子故》頁3。
〔註13〕《莊子故》頁4。
〔註14〕《莊子故》頁4。
〔註15〕《莊子故》頁4。以同音字表示，統計約有282例。
〔註16〕《莊子故》頁2。
〔註17〕《莊子故》頁2。
〔註18〕《莊子故》頁3。
〔註19〕《莊子故》頁3。

丹反。〔註20〕

又如：

　　坳於交切。〔註21〕

　　馬其昶以反切聲韻對《莊子》作一音讀上的判定，不過這種聲韻的聯繫，並非專注於還原先秦古音，而是爲了通讀《莊子》之字音，所以體例上多用反切或同音字來標定音讀，而不用上古韻部來作音韻歸屬。

　　《莊子故》中含有大量的音讀判定，不過此種判定是否準確，尚待考察。歷代莊學注本，早期對於音讀作辨識較有成果的應屬《經典釋文》，然而《經典釋文》已有相當的歷史，讀音逐漸變化，而需後人繼續考訂與判讀。此種音讀辨別並不多見，清代處理《莊子》音讀者，除了盧文弨《莊子音義考證》、江有誥《莊子韻讀》與陳壽昌的《南華眞經正義》外，就屬馬其昶《莊子故》有作這樣的處理。

　　《莊子故》的音讀判定多與現今讀法相同，歧異不多。對於《莊子故》音讀歧異之部份，或可作爲考察清代語音現象的一種素材（或者是方言探究的素材），供人們作進一步的探究。

　　值得注意的是，以上五種訓釋方式，不僅字音上的判讀，「通借」、「假借」更可聯繫到清儒「因聲求義」之訓詁，皆是藉由音韻關係作爲線索對字義展開考究，以推求《莊子》字句之涵義。此外，引申義與文例之考究，此皆可觀察馬氏如何地探求用字規律，以追索作者本義。不僅如此，馬氏對於王念孫、王引之、俞樾、孫詒讓、盧文弨、郝懿行、朱駿聲、段玉裁、邵晉涵、陳澧等清儒考據成果，懂得善加引用，〔註22〕並對《說文》、《爾雅》、《廣雅》、《方言》、《釋名》、《玉篇》、《廣韻》等文獻加以吸收，〔註23〕使其能事半功倍地訓釋文本。。

　　馬其昶對於清儒考據，引用較多的屬俞樾的《諸子平議》、王念孫《讀書雜志》與孫詒讓的《札迻》，此中又以《讀書雜志》引用比例最高，其書 35

〔註20〕《莊子故》頁3。約有346例。此種爲馬其昶最常見的辨音方式。

〔註21〕《莊子故》頁2。僅一例。

〔註22〕據筆者統計《莊子故》對清儒考據學者資料的引用，引王念孫語有63例，王引之20例，俞樾71例，孫詒讓21例，盧文弨6例，郝懿行3例，朱駿聲11例，段玉裁7例，邵晉涵3例，陳澧2例。

〔註23〕馬氏自引《說文》有18例，引《爾雅》5例，《廣雅》11例，《方言》1例，《釋名》2例。《玉篇》有2例，《廣韻》有1例。

條資料即引用了 24 條，可見馬氏對此書之信服。但值得注意的是，無論是「因聲求義」、文例判斷還是引申義的闡明，這些方法本身都是作爲一種解釋的「途徑」，運用這些用字規律後，仍需歸納類似的文例來作爲佐證，並得回到文本脈絡上去作解釋上的磨合，檢視文意是否通順，思想是否一貫。方法本身並非必然的保證，而只是作爲一種理解的可能性存在，最後仍是回歸文本本身來作考覈。所以究竟能否達到作者本意的還原，考據之學能否充分闡明《莊子》書中的思想內容，這些都仍有待進一步去檢視。下一節即處理《莊子故》訓釋成果的問題。

第三節　訓釋成果

　　此節需思考兩個問題：第一，用哪些資料來檢視成果；第二，檢視這些資料的標準爲何。《莊子故》對字音、字義的訓釋，佔全書相當大篇幅，可分成自己的案語，與引用諸家見解兩種。對此，筆者認爲馬氏引用他人意見的部份，亦可視爲馬氏之意見，因爲這本是透過理解與肯定後才有的選擇。所以取材上，本文選擇將馬其昶個人案語及其引用，皆視爲馬其昶個人思想之表現。兩者並存，則能完整呈現《莊子故》的訓釋成果。不過，這些資料相當龐大，逐一檢視不僅困難，亦流於繁瑣，倘若取隨機取材來檢視，則又顯得無標準可循。所以筆者以張松輝《莊子疑義考辨》一書作爲一種思考方向，以《莊子》較有疑義之部份，與《莊子故》參照，一方面試圖檢視其訓釋效力，另一方面，對於《莊子》本身，也有再次考察文意的機會。

　　該以何種標準來檢視訓釋成果，也是必然面臨的問題。漢學風格之訓釋多屬局部、零星之詮釋，內容不多，彼此間能相互比對的資料很少，且這方面資料，罕能形成思想體系。所以本文選擇放入歷代重要之莊學詮釋來，進行參考與比對，其範圍含括郭象、呂惠卿、王夫之、憨山、焦竑、宣穎、鍾泰、張默生、張松輝、王叔岷先生之著作。以開放之視野去吸收歷代經典注釋的成果，也藉由資料間的相互比對，檢視漢學派治學風格的能力與限度。〔註24〕

　　透過歷代注解間的比較，來凸顯《莊子故》的效度與特色。更藉由這方

〔註24〕疑義部份的闡釋，若遇到《莊子故》未有注解時，筆者則選擇略過，不於此章處理。

面的綜合討論，連結現今《莊子》詮釋之困境。使這方面的探究，並不停留於歷史性的描述，更試圖解決一些懸而未決的疑義問題，作一應用性質的檢視。將《莊子》及其注釋，不僅僅視爲過去的東西，而是將此書視爲至今仍有價值的東西。

（一）〈逍遙遊〉頁2。

「去以六月息者也。」

陸長庚曰：息，氣也。○宣穎曰：大塊噫氣爲風，六月氣盛，故多風。○方潛曰：述《諧》未竟，「野馬」以下，推論其義。

歷代注解「息」字主要有兩種解釋，一解爲氣，一解爲休息。解法之不同，將影響了對六月的定義。解爲氣的，以六月爲天地之氣化運行，如陸長庚、宣穎、〔註25〕憨山、〔註26〕馬其昶、張默生；〔註27〕解爲休息的，則描述大鵬鳥足足飛了六個月，方才休息，如郭象、〔註28〕張松輝；〔註29〕或者解作，飛行與休息皆六個月，如林雲銘。〔註30〕此外，從文獻學立場，王叔岷先生以《御覽》引息上有「一」字。認爲李白〈大鵬賦〉：「然後六月一息」即本此文，亦有一字，因此解爲六月一休息。〔註31〕

張松輝認爲，無論描述大鵬鳥乘六月之氣，或休息六個月，意義都不大，反不若飛行六個月，而與學鳩「搶榆枋，時則不至而控於地而已矣」能形成強烈對比，而凸顯小大之辨的旨意。然筆者思考，如果順著張氏的理路，其

〔註25〕宣穎曰：息，是氣息，大塊噫氣也，即風也。六月氣盛多風，大鵬乃便於鼓翼。此正明上六月海運則徙之說也。又云：前文海運、扶搖、六息，都說是風，卻不曾露出風字。後人所以旁猜。至此承上一喻，接出風字來，見其與大翼相須之至。宣穎《南華經解》（廣州：廣東人民出版社，2008年出版）頁3～4。

〔註26〕憨山曰：周六月，即夏之四月，謂盛陽開發，風始大而有力，乃能鼓其翼。息，即風也。意謂天地之風，若人身中之氣息。憨山《莊子內篇憨山註》（台北：新文豐出版公司，2004出版）頁160～161。

〔註27〕張默生《莊子新釋》（台北：漢京文化事業公司，1983出版）頁6。

〔註28〕郭慶藩《莊子集釋》（台北：天工書局，1989年出版）頁5。

〔註29〕張松輝《莊子疑義考辨》（北京：中華書局，2007年出版）頁14～15。

〔註30〕林雲銘曰：六月息，仍主半年而後止息解，蓋其任意逍遙，一去一息，動經半年，則其爲大年可知。三千里，言其遠，九萬里，言其高，六月息，言其久。見其一大則無不大之意。諧言止此。林雲銘《莊子因》（台北：廣文書局，1968年出版）頁1。

〔註31〕王叔岷先生《莊子校詮》頁7。

實描述大鵬能乘六月之之氣，也能凸顯鵬鳥能力的特殊，而符合小大之辨的意旨，未必只有張氏所強調的飛行六個月，才是唯一解法。

鍾泰《莊子發微》曾指出《莊子》息字本有兩義，一者息者之息，如「以六月息」，及〈大宗師〉「息我以老」是也；一者氣息之息，如此「生物之以息相吹」，及〈大宗師〉「其息深深，真人之息以踵，眾人之息以喉」。但他認為將「以六月息」之息與「以息相吹」之息一例等同釋之，誤之甚也。〔註32〕鍾泰並以《易傳》作聯繫，認為大鵬鳥此時是「免於亢龍有悔」，故解為休息。就文意脈絡或思想架構來看，這種解釋有待商榷，不過鍾泰卻也點出《莊子》的「息」字，其實不只一次作氣息、氣流概念的使用。

解為天地之氣運的，自是與下段文字「生物之以息相吹也」作聯繫而有的解釋，認為此段「述《諧》未竟」，從而認為兩「息」字應同義。與此有別，不解為氣的，則不與此作聯繫，而認為「諧言止此」。但就文意脈落來看，若以諧言止此，則「野馬也，塵埃也」難解，並使這兩句顯得頗為突兀。反之，若認為述《諧》未竟，則能解野馬同為氣流的一種，〔註33〕並對於後文大鵬鳥的補述，達到流暢一貫的鋪陳聯繫。回頭檢視《莊子故》之以「氣」解「息」，或許已注意到前後文意的銜接，有字義、段落、文本間的相互聯繫。

（二）〈逍遙遊〉頁5。

「世蘄乎亂，孰弊弊焉以天下為事？」

簡文曰：弊弊，經營貌。姚鼐：旁礡萬物以為一，所謂合萬物為己者。亂、治也。世自化之，蘄乎治耳，彼非有意以天下為事而治也。《釋文》亦以「世」「蘄」字連讀。

馬氏引姚鼐意見，認為「亂」應屬反訓，而作「治」解。王叔岷先生引《爾雅釋詁》「亂，治也」指出確有這種訓釋。〔註34〕張默生亦引《尚書・泰誓》

〔註32〕鍾泰云：息者，止也。六月而止，所以免於亢龍有悔。……《莊》書息字有兩義：一者息者之息，如「以六月息」，及〈大宗師〉「息我以老」是也；一者，氣息之息，如此「生物之以息相吹」，及〈大宗師〉「其息深深，真人之息以踵，眾人之息以喉」是也。或「以六月息」之息與「以息相吹」之息一例釋之，誤之甚也。鍾泰《莊子發微》（上海：上海古籍出版社，2002出版）頁7。

〔註33〕司馬彪注：「野馬也，春月澤中遊氣也。」司馬彪撰，孫馮翼輯，茆泮林補正《莊子注》（台北：新文豐出版社，1987年出版）頁10。

〔註34〕王叔岷先生《莊子校詮》頁29。

「予有亂臣十人，同心同德」爲例作補證。〔註35〕此外王夫之、〔註36〕憨山、〔註37〕宣穎皆注「亂」爲治，〔註38〕此處諸家註解並無歧異。張松輝之所以視爲疑義，是爲補充例證，強化此處之論證而已。〔註39〕

（三）〈齊物論〉頁8。

「齊物論」

王應麟曰：是非毀譽，一付於物，而我無與焉，則物論齊矣。○歸有光曰：欲齊天下之物，當觀諸未始有物之先。○方潛曰：即體即用，而妙無用之用也。眞者，體也。明者，用也。不用而寓諸庸，物論不齊而自齊矣。○其昶案：齊之爲言平也。休乎天鈞，則齊矣。

齊物論題旨問題確實是《莊子》一書的千古公案。一解爲齊物之論，如宣穎。〔註40〕二解爲齊平物論，如王應麟、張文潛、錢大昕、憨山、〔註41〕王夫之。〔註42〕三解爲兩者意義兼具，如鍾泰、張默生、王叔岷先生。〔註43〕

王叔岷先生雖認爲兩說皆可通，但他認爲〈齊物論〉主旨在於「天地與我並生，萬物與我合一」二句，所以莊子之意，明是以「齊物」連讀；而〈秋水篇〉發揮〈齊物論〉，其主旨在「萬物一齊，孰短孰長」亦正是「齊物」之義。此外又舉〈德充符〉「自其同者視之，萬物皆一也。」、〈天地篇〉「萬物一府，死生同狀」與《淮南子・齊俗》、《論衡・齊世》來作聯繫，認爲皆以齊物之義爲旨，而非以「物論」作連讀。所以儘管王叔岷先生認爲兩說並存，然大抵仍傾向以齊物之論來解。此外，認爲兩說俱通的還有鍾泰、張默生。

鍾泰以「不過當、不違則，此齊物、齊論之要旨」，而特舉《春秋》作聯

〔註35〕屈萬里《尚書集釋》（台北：聯經出版社，2003 出版）頁 320。張默生《莊子新釋》（台北：漢京文化事業公司，1983 出版）頁 23。

〔註36〕王夫之《莊子通》（北京：中華書局，2009 年出版）頁 80。

〔註37〕憨山《莊子內篇憨山註》（台北：新文豐出版公司，2004 出版）頁 179。

〔註38〕宣穎云：蘄，求也。亂，治也。宣穎《南華經解》（廣州：廣東人民出版社，2008 年出版）頁 3。

〔註39〕張松輝《莊子疑義考辨》（北京：中華書局，2007 年出版）頁 22～23。

〔註40〕宣穎云：「齊物論，齊眾物之論也。」宣穎《南華經解》（廣州：廣東人民出版社，2008 年出版）頁 10。

〔註41〕憨山《莊子內篇憨山註》（台北：新文豐出版公司，2004 出版）頁 189～192。

〔註42〕王夫之《莊子通》（北京：中華書局，2009 年出版）頁 84。

〔註43〕王叔岷先生《莊子校詮》頁 39～40。

繫，認爲《莊子》〈齊物論〉同《春秋》，主旨在於正名。〔註44〕應該是認爲兩者兼具。細究〈齊物論〉確實有涉及到一些認識能力與價值判斷等方面的思考，〔註45〕然與《春秋》聯繫，解釋有失牽強。

　　張默生認爲兩說皆通，齊物之論指宇宙的客觀事實，齊平物論指人們對於事物的主觀解釋。並指出莊子是期於把事實和理論撮和爲一的。所以他一方面說明自然的現象，自天地之大，以至於昆蟲之微，儘管是形形色色，變化萬殊，然萬殊終歸於一本；一方面評衡世間的言語名相，自聖賢之德，以至於辯士之談，儘管公說公有理，婆說婆有理，然爲免除語過，仍需歸於無言。〔註46〕

　　對於張默生「爲免除語過，仍需歸於無言」，筆者並不同意，而認爲應歸於無執之作爲，而非完全無所言語無所做爲。但張氏點出，〈齊物論〉有存有論與人爲價值認識兩者並存的現象，這點筆者是認同的。〈齊物論〉的宗旨應在於講述人與天對映下的一種存在，這種存在有其侷限，有認識能力、價值判斷上的侷限，也有存有論思考的侷限。中國思想本有認識論、工夫論、存有論相互混用的傾向，且無論從哪種思考出發，但其最終目的卻是一致的，就在於使事物回歸本性自然地發展，讓主體與天相合，獲得自由。

　　「齊平物論」，物論是指世俗之價值觀，由於際遇，主觀心境、成見、執定，導致每人都有不同的認識、價值與堅持，導致眾說紛紜是非不一，誰也難說服誰，誰也難理解誰。

　　「齊物之論」，則指出人只是物之一，作爲一種有限的生命存在，人生在世「與物相刃相靡，其行盡如馳而莫之能止」，有許多不能自主的悲哀。透過莊子的描述，可知人常有兩種困境。一種是人之自我困擾，一種則是生命的必然侷限。而爲了解釋並解決這種困境，莊子認爲得以天齊之。一方面肯認道是作爲生命之根源而存在，然後透過主體之虛化，解開干預造作，復歸自然之本性，與道合一；另一方面，承認生命侷限是一種自然現象，有生就有滅，有成就有虧，同日出日落一樣自然，此亦道之造化法則，我們應試著解開執定，理解現實然後接受現實。

〔註44〕鍾泰《莊子發微》（上海：上海古籍出版社，2002 出版）頁 26。
〔註45〕筆者論文中，所用認知、價值的判斷的概念並非等同知識義的知，作爲客觀知識的認識。筆者所用的是指主體認知，能涉及一切存在感受。
〔註46〕張默生《莊子新釋》（台北：漢京文化事業公司，1983 出版）頁 34。

　　莊子看重人的主體精神的重要性，但此主體精神的內容，卻並非人爲意志充塞其中，而是要求沖虛逍遙，體現天地之觀照，對現實事物的觀照。莊子的體道之境，其實有著內在虛化與處境觀照，彼此循環聯繫之作用。就生命侷限來說，莊子並不高估人的能力，人仍只是物之一，人不等於天；但就虛化執定復歸本性而言，人卻有體道的可能，而能化解生命之困境，理解然後接受不可奈何的變化，退開一步，從而使物我皆自在自然，從而與道相通，與天爲一。

　　回頭檢視馬其昶的解釋，其引用頗多。王應麟、歸有光〔註 47〕、方潛所引皆第二解。而馬氏之解，其描述較含糊，就引用看來，大體偏向齊平物論的角度。值得注意的是，此處是對於題旨的探析，是立基於《莊子》的內容，以較大的視野認爲兩說是並俱的。但就各篇內文而言，對於究竟是屬齊平物論，還是齊物之論的描述，仍得回歸文意脈絡作一判斷，而不能單以籠統方式概括解釋。

　　就〈齊物論〉一篇來看，其言「儒、墨之是非，以是其所非，而非其所是。」儒墨是非的相互紛擾，〔註 48〕又言「朝三暮四」名實未虧而喜怒爲用的弔詭認識。〔註 49〕大抵看來，是對彼此認識、價值判斷分歧的現象描述。而〈秋水篇〉「號物之數謂之萬，人處一焉；人卒九州，穀食之所生，舟車之所通，人處一焉：此其比萬物也，不似豪末之在於馬體乎？」〔註 50〕、「兼懷萬物，其孰承翼？是謂無方。萬物一齊，孰短孰長？」〔註 51〕則是就人之存在僅爲萬物一的立場，主張以道觀之，萬物一齊。由此看來，〈齊物論〉應是以齊平物論爲旨，而〈秋水篇〉則以齊物之論爲旨，兩篇各由不同角度展開思想面的闡發。

（四）〈齊物論〉頁 9。

「大知閑閑，小知閒閒；大言炎炎，小言詹詹。」

王敔曰：閒閒，乘隙也。○王雱曰：「大知」「小知」以下，皆有形之累也。

〔註 47〕筆者考察《莊子百家評註》歸有光曰：欲齊天下之物論，當觀諸未始有物之先。馬其昶引爲「欲齊天下之物，當觀諸未始有物之先。」，物後缺一「論」字，不知是否別有用意。《莊子百家評註》（台北：自由出版社）頁 414。

〔註 48〕馬其昶《莊子故》頁 12。

〔註 49〕馬其昶《莊子故》頁 13～14。

〔註 50〕馬其昶《莊子故》頁 112。

〔註 51〕馬其昶《莊子故》頁 115。

王敔曰：炎炎，淩轢貌。詹詹，細碎也。

這裡涉及兩種解釋方向。一種以此段文意的大言、小言是作爲褒貶對舉的相對性描述。如郭象、〔註52〕成玄英、〔註53〕呂惠卿、〔註54〕陸長庚、〔註55〕宣穎、〔註56〕王叔岷先生等見解。〔註57〕另一種解釋則以此段文意，大言小言並無優劣之分，意圖在於描述人類各種具體的存在困境，如王雱、〔註58〕王夫之、〔註59〕王先謙、〔註60〕林雲銘、〔註61〕鍾泰。〔註62〕

〔註52〕 郭象云：此蓋知之不同。言語之異。郭慶藩《莊子集釋》（台北：天工書局，1989 年出版）頁 51。

〔註53〕 成玄英疏：閒閒，寬裕也。間間，分別也。夫智惠寬大之人，率性虛誕，無是無非；小知狷劣之人，性靈褊促，有取有捨，故間隔而有分別；無是無非，故閒暇而寬裕也。郭慶藩《莊子集釋》（台北：天工書局，1989 年出版）頁 51。

〔註54〕 大言炎炎，則熏然而四達者也；小言詹詹，則隨其所見而出者也；器之大小有不同也。呂惠卿《莊子義集校》（北京：中華書局，2009 出版）頁 20～21。

〔註55〕 陸長庚云，閒閒者，從容暇豫之意，孟子亦言，知者行其所無事，無事非閒閒乎；間間者，立町畦別人我……但小人之知耳。炎炎，精光上燭也，詹詹，整齊前後也。陸長庚《南華眞經副墨》（台北：自由出版社）頁 80～81。

〔註56〕 宣穎，閒閒，廣博也，間間，細別也。宣穎《南華經解》（廣州：廣東人民出版社，2008 年出版）頁 12。

〔註57〕 王叔岷先生《莊子校詮》頁 48。

〔註58〕 王雱曰：大知小知大言小言大恐小恐其寐其覺此皆有形之累也，夫有形則爲化之所役，役於化則有動止之異，此所以未免於累也。安若無形而使化不能役使乎，非神不能與於此。王雱《南華眞經新傳》自印本。頁 7。

〔註59〕 王夫之云：非知則言不足以繁，知有小大，而言亦隨之。小者非獨小也，以大形之而見爲小；大者非能大也，臨乎小而見大。然則閒閒者亦間間耳，炎炎者亦詹詹耳。以閒閒陵小知而譏其隘，以間間伺大知而摘其所略；以炎炎奪小言之未逮，以詹詹翹大言之無實；故言競起以成論。萬有不齊者，知之所自取，而知之所從發者又誰耶？故下文廣詰之。王敔注：閒閒，廣博貌。評曰：大小皆妄。王夫之《莊子通》（北京：中華書局，2009 年出版）頁 86～87。

〔註60〕 王先謙云：炎炎，有氣燄。王先謙《莊子集解》（台北：漢京文化事業公司，1988 年出版）頁 11。

〔註61〕 林雲銘曰：知與言是一篇之眼，然言又本於有知，故先提此四句立局，極得振裘挈領之法。有知有言，是非之所從出，便是無中生有了。大知謂全體，小知謂一端，大言謂通論，小言謂偏解，一人之身皆有，不必分別優劣。林雲銘《莊子因》（台北：廣文書局，1968 年出版）頁 9。

〔註62〕 鍾泰云：「大知」、「小知」，承上篇「小知不及大知」言，然上篇褒大貶小，此篇則大小俱遣。鍾泰《莊子發微》（上海：上海古籍出版社，2002 出版）頁 32。

馬其昶並未解釋大知閑閑當作何意，但從引文判斷，應非作褒語來看待，只是那是什麼內容的描述呢。筆者認為，馬其昶此處大知閑閑，可能解作廣博，〔註63〕而小知閒閒則用王敔注，解作乘隙，兩者雖然相對，但都是作為人為處世的具體境況。但這兩種處世都有侷限，大知廣博的人氣燄很盛，難免自是，而小知乘隙的人則支離細碎，不知大本。與此有別，王叔岷先生則將「炎炎」解作「淡淡」，而認為大知的人廣博，小知的人覬查，大言「淡乎其無味」，小言多言好辯。〔註64〕

筆者思考，倘若將大言作為褒語看待，難以考察這種描述的用意，反之，若同馬氏皆視為存在困境的描述，不只能與下文「大恐小恐」運用相類，呈現精神無止盡的耗損、緊張、善變而不得休息的磨難，亦與後文整段如「近死之心，莫使復陽也」，描述對存在困境的深沉擔憂，達到一貫的文意聯繫，而顯得較有說服力。

（五）〈齊物論〉頁10。

「非彼無我，非我無所取。是亦近矣，而不知其所為使。」

其昶案：彼，即喪耦之耦。百骸、九竅是也。真妄皆己所自取，果誰使之近在一身而可不知乎？故下文反復詰其真君、真宰之所存。

筆者先初步解釋原文：「沒有它就沒有我，沒我就不能照見此成心，大概就是這情況，然卻不知這生命究竟是誰在支配。」，「彼」是什麼，與「我」之關係為何，是此處問題的焦點。

成玄英云：「彼，自然也，取，稟受也，若非自然，誰能生我，若無有我、誰稟自然乎。」〔註65〕以彼為自然，認為自然生人，而人以稟受自然之本性。與此相近的解釋有，林雲銘、〔註66〕宣穎。〔註67〕細究這種自然，應取自郭

〔註63〕《經典釋文》：知音智。閑閑，簡文云：廣博之貌。轉引自王叔岷先生《莊子校詮》頁49。

〔註64〕王叔岷先生：俞樾：「《廣雅釋詁》：『閒，覬也。』」；《釋文》：「炎炎，李作淡。詹詹，李頤云：小辯之貌。」案淡、炎正、假字，《老子‧三十五章》：「道之出口，淡乎其無味」。王叔岷先生《莊子校詮》頁49。

〔註65〕郭慶藩《莊子集釋》（台北：天工書局，1989年出版）頁51。

〔註66〕林雲銘云：非天機之動，則我不能自生，非我有以受之，則彼亦不能獨生我，我與彼相因以生，此無窮之變態，非甚遠而難知也，究亦莫知其為誰使然。林雲銘《莊子因》（台北：廣文書局，1968年出版）頁11。

〔註67〕宣穎云：非相待之化則無我，非我則不能成其自取。造化不離己身，然到底使然者是誰，則不知。宣穎《南華經解》（廣州：廣東人民出版社，2008年出

象義，自己如此之自然，「彼」的意義細究之下仍歸於「我」，兩者本是同一關係。有意思的是，這因此導致「而不知其所爲使」難以解釋，故對於此句，郭象與成玄英皆把「不知其所爲使」，改動爲「非其所爲使」來解釋。〔註68〕筆者並不認同這樣特意改動下的解讀，原文此段明顯是莊子對生命困境的背後，提出孰謂主宰的疑問，並非已尋得答案後的肯定。〔註69〕疑問的反覆提出，正是莊子此篇的特色，藉由問題的提出，對生命處境持續的作眞理探索。一再追問下，從而有「眞宰」的提出。

憨山認爲，「彼」即眞宰。其注：「彼，即指上此字，指眞宰也。謂非彼眞宰，則不能有我之形，若非我之假形，而彼眞宰亦無所托。」 又曰：「『前云咸其自取，怒者其誰，』今云『取是』，是即上此、彼二意。意指眞宰，謂人能識取此眞宰，亦近道矣。」〔註70〕筆者思考，倘若此處如憨山所言，「彼」爲眞宰，那後頭爲何又問「不知其所爲使」呢。這部份憨山解釋「謂眞宰乃天機之主，其體自然，而不知其所爲使之者」，認爲「不知其所爲使」是對眞宰背後的源頭，作再次的提問，把莊子此段解釋爲一種本體根源的無窮探究。

與此不同，張松輝則認爲「彼」是與「我」相對立的客觀事物，「取」有取用、認識等等含義，「近」指關係密切。以主客二分，我與萬物現象二分來作解釋。其翻譯此段文意爲

> 如果沒有各種客觀事物就沒有我，如果沒有我也就沒有人對這些客觀事實進行取用和認識。我和客觀事物的關係是密切的，但不知道這種密切的關係是由什麼東西造成的。〔註71〕

張松輝認爲「彼」爲客觀事物，「是亦近矣」是作爲我和客觀事物關係的描述，整段文意解釋較筆者原初的解釋顯得更清晰具體。張氏更進一步指出，這種彼我關係不可能是我與彼安排的，就像百骸、九竅、六藏之間不可能相互統屬一樣，於是自然而然推出「其有眞君存焉」的思考。不過，此處仍應試著

版）頁3。

〔註68〕 郭象注：凡物云云，皆自爾，非相爲使也，故任之而理自至矣。成玄英疏：言我稟受自然，其理已俱，足行手捉，耳聽目視，功能御用，各有司存。亭之毒之，非相爲使，無勞精意，直置認之。郭慶藩《莊子集釋》（台北：天工書局，1989年出版）頁56。

〔註69〕 張松輝亦持此觀點。張松輝《莊子疑義考辨》（北京：中華書局，2007年出版）頁34。

〔註70〕 憨山《莊子內篇憨山註》（台北：新文豐出版公司，2004出版）頁204。

〔註71〕 張松輝《莊子疑義考辨》（北京：中華書局，2007年出版）頁34。

釐清所謂的「客觀事實」，並非自然科學所指涉的客觀知識概念，而是指道的普遍存在。

馬其昶認為「彼，即喪耦之耦。百骸、九竅是也。真妄皆己所自取，果誰使之近在一身而可不知乎？故下文反覆詰其真君、真宰之所存。」將「彼」聯繫到百骸、九竅，這些事物總自己發生作用，但究竟是誰讓這不相統屬的事物聯繫統合於一身之中，則能推出真君、真宰的存在。此理路，與張松輝的看法頗為相契，然未若張氏表達清晰具體。

（六）〈齊物論〉頁 13。

「以指喻指之非指，不若以非指喻指之非指也；以馬喻馬之非馬，不若以非馬喻馬之非馬也。天地一指也，萬物一馬也。」

徐常吉曰：公孫龍有〈白馬〉〈指物〉二篇，莊子蓋據此立論。其昶案：指，百體之一；馬，萬類之一。非指、非馬，真君、真宰是也。呂惠卿曰：天地與我並生而同體，萬物與我為一而同類。

這裡首先涉及史學考辨的問題。「物指非指」與「白馬非馬」出自公孫龍，然而錢穆判斷公孫龍是晚於莊子的人物，所以認為此段不必與後出的〈指物篇〉〈白馬篇〉作聯繫。王叔岷先生雖不同意錢穆的觀點，但也以今日流傳的〈指物篇〉〈白馬篇〉為晚出，而認為不必與《莊子》作意義上的聯繫。〔註72〕此處馬其昶雖引用徐常吉的意見，但就馬其昶自己的案語看來，其並未就〈指物篇〉〈白馬篇〉立場來作解釋，而是就存有論的角度來作說明。

對此，諸家注解有兩種解釋方向，一種是齊平物論，以認識能力、價值判斷的角度作出發，一種則是齊平萬物，以存有論的角度作出發。兩者可能是由於對〈齊物論〉定義的不同，而延伸出此段文意詮釋進路的不同，上文已分析指出，這兩種思考《莊子》其實都存在，所以仍需回歸文意脈絡來試著解決。齊平物論的角度有，郭象、〔註73〕王夫之、〔註74〕憨山、〔註75〕王

〔註72〕相關論述參錢穆《先秦諸子繫年》（台北：東大圖書，1999 年三版）頁 434～435。王叔岷先生《莊子校詮》頁 60～61。

〔註73〕郭象認為，此為彼我之相互自是、相非，是沒結果的。郭慶藩《莊子集釋》（台北：天工書局，1989 年出版）頁 69。

〔註74〕王夫之注：以言解言之分，不如以無言解之也……忘言忘象，而無不可通，於以應無窮也，皆無所礙。王夫之《莊子通》（北京：中華書局，2009 年出版）頁 92。

〔註75〕憨山云：以我之觸指，喻彼之中指為非我之觸指，不若以彼之中指倒喻我之

先謙、〔註76〕鍾泰。〔註77〕齊物之論的角度有，呂惠卿、焦竑《焦氏筆乘》。〔註78〕馬其昶並未全引呂惠卿的註釋，但基本上應是肯認呂氏的判斷，本文節錄於下。

> 以指喻指，雖有名實小大之辨，而不出於同體，曷足為非指乎；以馬喻馬之非馬，雖有毛色、駑良之辨，而不離於同類，曷足為非馬乎。唯夫以日月，則不由是非而照之於天，則出乎同體，離乎同類，然後足以為真是非，而能是其所非，而非其所是也。……是故天地雖大，無異一指，以其與我並坐而同體也，無我則莫知其為天地矣；萬物雖眾，無異一馬，以其與我為一而同類也，無我則莫知其為萬物矣。天地萬物猶待有我而後有，則物之可乎可，而不可於不可，其孰自哉。〔註79〕

呂惠卿已具體指出，這是對名實之辨的認識探求與價值判斷，只是呂氏這段論述似乎存在一種混淆，一方面認為物我本是同體同類，而能泯除分別，但另一方面又認為萬物皆有待於我而後存，而有主觀唯心論的傾向。事實上，這裡的「天地猶有待於我而後有」，應是描述一切認識、價值判斷皆不離於主體吾心之發用，但呂氏也強調「唯夫以日月，則不由是非而照之於天，則出乎同體，離乎同類，然後足以為真是非，而能是其所非，而非其所是也。」仍是要求此主體吾心之發用應回歸於天之本然來作判斷。對此，參照《莊子故》的引用，馬氏並未全錄呂氏意見，而只引「天地與我並生而同體，萬物與我為一而同類」兩句，以存有論作出發，認為以真君、真宰觀之，事物並無差別，而是作為渾然一體的存在。就存在面而言，現實中雖各有其限度，但卻也存著讓彼此感通的理解條件。只是光憑先驗的本質聯繫，人與人之際，

觸指又非彼之中指矣。馬，雙陸之戲馬也，馬有黑白之分，雖有黑白，皆馬也。若以彼黑馬，喻我之白馬非彼之黑馬，不若以彼黑馬，倒喻我之白馬又非比之黑馬矣。若以此異地而觀，指馬無二，則是非自無。憨山《莊子內篇憨山註》（台北：新文豐出版公司，2004 出版）頁 222～223。

〔註76〕王先謙云：近取諸身，則指是；遠取諸物，則馬是。今曰指非指，馬非馬，人必不信，以指與馬喻之，不能明也。以非指非馬者喻之，則指之非指，馬之非馬，可以悟矣。故天地雖大，特一指耳；萬物雖紛，特一馬耳。王先謙《莊子集解》（台北：漢京文化事業公司，1988 年出版）頁 15。

〔註77〕鍾泰《莊子發微》（上海：上海古籍出版社，2002 出版）頁 41。

〔註78〕焦竑《焦氏筆乘》（北京：中華書局，2008 年出版）頁 554～555。

〔註79〕「以其與我並坐而同體也」，「坐」疑「生」之誤。呂惠卿《莊子義集校》（北京：中華書局，2009 出版）頁 30～31。

人與物之間就眞能彼此感通了嗎？

透過後文「朝三暮四」的對照，此處有著解除主體精神紛擾的要求，也有著名實之辨的反思探求。此名實之辨的思考又有兩種層次，第一層是對事情本身的事實性探究，第二層則是諸家對事情本身的事實性探究的不同理解。筆者認爲，莊子如同諸家一樣，是要求對事情本身有所探究，有求解釋這個世界，但莊子更體認到，因爲存在的侷限，事情的變化，總讓理解的探究處於一種不穩定狀態。每個個體都有理解事情本身的可能，但僅能尋出部份眞理，難以完整把握，爲了把握事情本身，除了拋卻自身的成見與執定，更應試著理解自己最自然的本性，並虛心去探求各種不同意見，以尋出一個對眞理的交集。

所以這裡與〈德充符〉「自其異者視之，肝膽楚越也，自其同者視之，萬物皆一也。」應屬相同問題的關懷。這裡明顯已不是由存有論角度，提出萬物一體的概念，而是站在主體認識、價值判斷的立場，要求對與自身相對立的事物作一設身處地、同情共感的理解要求。倘若不秉著同情的態度，就算同處一樣的現實境況，理解也會天差地遠；相反地，若能同情理解，不爲語言文字、意識形態所執定，就算萬物各各殊別，也能有達成一致交集的可能。

所以「以指喻指之非指，不若以非指喻指之非指也；以馬喻馬之非馬，不若以非馬喻馬之非馬也。」本可解爲，以「指」、「馬」去說明「非指」、「非馬」，不比以「非指」、「非馬」本身直接去說明「非指」、「非馬」來的好。無論「指」或「馬」其內容所指爲何，此處強調同情理解這一原則並不改變。郭象、王夫之等諸家見解，雖以物論角度作解釋，但都多描述物論紛擾難解的一面，僅要求消極無言來中止這種紛擾。殊不知，莊子正是基於個體立場不同的困境裡，要求虛化自我的成見與執定，進行一種同情共感的詮釋態度，使人我之際、物我之間總能有理解感通的可能，而這種感通，筆者認爲就是與道相適的一種呈現。

（七）〈齊物論〉頁 14。

「是以聖人和之以是非而休乎天鈞，是之謂兩行。」

錢澄之曰：道通爲一，惟善因者能不用一而用兩。兩者，一之所寓也。張子云：「兩在故不測。」○其昶案：自「以指喻指」至此，言道本自通，故不拂眾情。另可參照頁 12 注：其昶案：莊子因是之學，不類子莫之「執中無

方所」，故謂之兩行無對待，故謂之通一。蓋因是爲是，我無與焉。彼、是者，我見所生。是彼非此，有方所而對待起，所謂偶也。彼、是莫得其偶，即因是已。此環中之所以妙也。

　　此處在於對「兩行」的探究。大體而言，是指對分別說的保存，如王叔岷先生所云：

> 天倪者，自然之分也。使是、非各安其分，則儒、墨各有其是，不
> 必相非矣。此所謂兩行也。……破大小、美醜、成毀之執，以明是、
> 非之兩行。〔註80〕

莊子所要求銷解的是物論之間的執著，而非物論本身，對於儒、墨諸說，要求解其執定的反思境況，給予相互理解、各安其分的並存。類似意見，王敔、〔註81〕憨山、〔註82〕王先謙亦同。〔註83〕

　　對此，張松輝則認爲，「兩行」的眞正含意是主觀與客觀都並行不悖，物我各得其所的狀態。這是描寫，外在面不以個人意志唯主宰的順物而爲，內在面能虛靜無擾的一種平衡狀態。〔註84〕筆者認爲，若外在面不視爲自然科學的定律，而是指道的普遍存在，那麼這種說法與王氏的意見並不衝突，而是將視角進一步轉向個體自身，對其處世狀態作一描述。只是，這種狀態該如何達到呢，或許可參考呂惠卿之說：

> 道行之而成，非無爲而成也；物謂之而然，非本有而然也。……其
> 所於者，則然不然之所自起也，而求其爲之者卒不可得，則知其本
> 無有也。……而求其所然所可知不可得，則無物不然，無物不可矣，

〔註80〕王叔岷先生《莊子校詮》頁65～66。

〔註81〕王敔曰：兩行，兩端皆可行也。適得而已。說見王夫之《莊子通》（北京：中華書局，2009 年出版）頁94。

〔註82〕憨山云：天鈞，謂天然均等，絕無是非之地也。兩行者，謂是者可行，而非者亦可行，但以道均調，則是非無不可者。憨山《莊子內篇憨山註》（台北：新文豐出版公司，2004 出版）頁228。

〔註83〕王先謙云：言聖人和通是非，共休息於自然均平之地，物與我各得其所，是兩行也。案〈寓言篇〉亦云：「始卒若環，莫得其倫，是謂天均。天均者，天倪也。」此作「鈞」，用通借字。對此，錢穆引曹受坤意見，《淮南子・原道》「鈞旋轂轉，周而復匝」。《漢書》注：陶家名模下圓轉者爲鈞。此與循環義相照應。兩行，即從環中左旋右轉，無不同歸一點也。說見王先謙《莊子集解》（台北：漢京文化事業公司，1988 年出版）頁17。錢穆《莊子纂箋》（台北：東大圖書公司，1993 年四版）頁15。

〔註84〕張松輝《莊子疑義考辨》（北京：中華書局，2007 年出版）頁41～43。

無物不然不可，則物之所以齊也，胡爲趨舍於其間哉！……大之於
小，美之於惡，固常相反，恑恑憰怪，則庸言庸行之所不由也。……
通而爲一，則其分也，乃其所以成也，其成也，乃所以毀也。而凡
物無成與毀矣，而無成與毀者，復通而爲一也。唯達者知通爲一，
故我則不用寓諸萬物之用而已，……知通爲一，則雖不用而寓之萬，
物之用則通，通則無入而不自得矣。〔註85〕

呂氏強調事物背後具備道的存在與發用，並非無所作爲而成，事物有其潛能，
然而這並非人爲能作控制。人所能要求的，是不以己意干預造作，而應虛心
體察事物之本性，試著順其自然，以引出萬物自有的潛能來運作。與此相類，
焦竑亦云「是以聖人外則因人而和之以是非，內則休乎無是無非之天鈞，不
以跡之有是非而礙其心之無是非，所以謂之兩行也。」認爲這是一種尋求內
外平衡的處世態度。〔註86〕

《莊子故》的案語與上述意見相通，認爲本有道之根源存在，其能保存
現實諸事物，並引發其自然本性與潛能，使其各安其所各盡其能，道並非絕
對之神，亦非抽象概念，而是世間萬物的造化法則。因此人爲意志應該試著
退開，讓道之發用顯露，來解決物我紛爭，保存物我之存在。

值得注意的是，此處所謂的「造化法則」，並非自然科學定律般的知識概
念，而是指「道」普遍性存在下，賦予事物自然本性與潛能，這特質總帶有
一種模糊性，並持續變動著，〔註87〕使人不易把握，但能透過主體修養現實
觀照，來對其體認。這是將自我的執定退開，恢復本有之自然，重新面對世
界的一種態度。這種態度，使其願意同情理解，接受現實，並將各種情境之
觀照，收攝於內，透過反覆省思、銷解，從而洞察出事物的潛能與本性。這
過程中，主體總在發生作用，但卻非個人意志能左右，藉由這種內外之間的
收攝、反省與銷解，體認自然的造化法則，克服心境中的紛擾，成就內外在
相適的平衡。也因爲這種內外平衡的思考，才能理解莊子並非逃避現實，落
於個人獨處的想像世界，而是一有體有用，反省甚深的實踐智慧。

（八）〈齊物論〉頁15。

「天下莫大於秋豪之末，而大山為小；莫壽於殤子，而彭祖為夭。」

〔註85〕呂惠卿《莊子義集校》（北京：中華書局，2009 出版）頁 31。
〔註86〕焦竑《焦氏筆乘》（北京：中華書局，2008 年出版）頁 555。
〔註87〕如儒家所謂：「純亦不已」天道的造化運作。

　　其昶案：秋豪性足，殤子反眞，故稱久大。天地并生，故彭祖夭；萬物
爲一，故大山小。

　　這段文字頗能代表《莊子》言語的弔詭表現，不僅有別一般的認識、價
值判定，甚至可說是挑戰一般的認識、價值判斷。對於這種弔詭，郭象、成
玄英以性分自足解之。〔註88〕認爲，若能性足，則一般認識、價值認定較小、
較夭的「秋毫」、「殤子」，亦能「不小」、「不夭」而與萬物平齊；換言之，若
從萬物齊平如一的角度作出發，則「泰山」、「彭祖」也並未超出其他事物，
就本性而言，都是一致的。筆者認爲，這是從存有論思考出發，而有的觀點，
但這種思維是否就得由郭象所言的「性分自足」來解決，其實仍有待商榷。
此外，憨山則認爲：

> 以上文以論歸大道之原，今將以大道而一是非。意謂若以有形而觀
> 有形，則小大壽夭一定而不可易者，今若以大道而觀有形，則秋毫
> 雖小，而體合太虛，而泰山有形，指太虛中拳石耳，故秋毫莫大，
> 而泰山爲小也；而殤子雖夭，而與無始同原，而彭祖乃無始中一物
> 耳，故莫壽於殤子而彭祖爲夭也。若如此以道而觀，則小者不小，
> 而大者不大，夭者不夭，而壽者非壽矣。則天地同根，萬物一體，
> 何是非之有哉。〔註89〕

　　有別於郭象，憨山提出「大道」，作爲判斷是非的最高標準。以秋毫、殤
子體合於道，故莫不大、莫不久，而一般認識、價值判斷較大、較久的泰山、
彭祖與道相較，則莫不小，莫不夭。憨山認爲與道相比，自然能得出「秋毫
大、殤子壽、泰山小、彭祖夭」的結果。但他又補充，若以道觀之，則彼此
間又「小者不小，而大者不大，夭者不夭，而壽者非壽」毫無差別可言，而
顯得有些矛盾。憨山似乎存著兩種思維，前者從認識、價值判斷作出發，而
後又以道之存有論思考作爲結束，兩者混用之下，來對此段做出解釋。

　　有意思的是，馬其昶的注解，講「性足」、「反眞」有類於郭象注，然從
天地並生、萬物爲一的角度描述秋毫大、殤子久、泰山小、彭祖夭的描述，
則又與憨山相類。王叔岷先生則認爲，莊子意在破除世俗大小、夭壽之執，
然莊子之言亦不可執著，若必以秋毫爲大、泰山爲小、殤子爲壽、彭祖爲夭，

〔註88〕郭慶藩《莊子集釋》（台北：天工書局，1989年出版）頁81～82。
〔註89〕憨山《莊子內篇憨山註》（台北：新文豐出版公司，2004出版）頁242～243。

則又非莊子之旨。〔註90〕把握莊子思想需明其其隨說隨掃之特性。

對此，張松輝認為，是立基於萬物一齊的角度來看，與「秋毫」、「泰山」相比較的不是比「秋毫」更小的東西，和比「泰山」更大的東西，而是和天下所有東西相比較時，「秋毫」和「泰山」都是最大的和最小的。〔註91〕與此相類的見解，有王先謙〔註92〕、呂惠卿。呂惠卿同樣從萬物一齊的立場來解讀，但不同於張松輝以客體世界的天下萬物與秋毫、泰山相比，來破除一般的認識、價值判斷，呂氏改從主體精神的發用作出發。呂惠卿云：

> 夫唯知吾心之所自起，則小之為毫末，大之為泰山，夭之為殤子，壽之為彭祖，以至大地之大，萬物之眾，莫不起於此而已矣。則小大久近，豈有常體哉？在我而已。夫唯秋毫之末所起為在此也，而此之為物，體備萬物，無有窮極，則天下孰大於秋毫之末？豈直泰山知足言乎！……嗟乎！不盡心，不窮神，則孰知此言之可信！宜其為萬物大小、久近之所役而不得休也。〔註93〕

呂惠卿言秋毫、殤子體近於道，而泰山、彭祖莫能比，此與憨山所言相類，但略有不同，呂氏履言「此」，此即吾心，認為一切認識、價值判定本「在我而已」，皆為吾心之發用，這與憨山認為秋毫、殤子其體本近於道並不一樣。呂氏以「吾心所自起」解之，萬物皆由心現，若無我，則無萬物，故萬物與我為一。此處頗有唯心論的色彩，不過這種唯心論並非朝唯我論發展，上文已提及，呂氏描述這種主體精神發用之下，仍強調克制自我意志的任意與執著，使其不流於個人想像與獨斷。其精神主體的內容並非個人意志所充塞，而是虛化去執後的一種自然與包容狀態。將原有的外在認識、價值判斷的執定一併消泯，使其能夠繼續去接受各種不同的認識、價值判斷，以及事物間的種種變化。

不過，同樣一個段落，為何會有呂氏主體發用，與張氏客體世界兩種解讀呢？竟兩者究孰是？還是兩者皆是誤解呢？這兩種解釋的存在並非偶然，

〔註90〕王叔岷先生《莊子校詮》頁71～72。

〔註91〕張松輝《莊子疑義考辨》（北京：中華書局，2007年出版）頁44。

〔註92〕王先謙云：泰山、毫末皆區中之一物，既有相千萬於泰山之大者，則泰山不過與毫末等……。我能與天地無極，則天地與我並生；我不必與萬物相競，則萬物與我為一也。王先謙《莊子集解》（台北：漢京文化事業公司，1988年出版）頁20。

〔註93〕呂惠卿《莊子義集校》（北京：中華書局，2009年出版）頁38。

而是莊子思想體系中本就涵攝了兩種思維，有從主體心境作描述，也有以客體世界來作思考，張氏、呂氏剛好都各抓住一部分來作闡發。莊子思想的體系中，其實並沒有如西方哲學般嚴格的主客截然二分，儘管可以就文意脈絡分析出兩種面相的思維，那也不是作爲尖銳對立的存在，重要的是，莊子思想無論以哪種進路作出發，最終都是走向後文所言「天地與我並生，萬物與我爲一」，〔註94〕以主客合一、天人合一，內在外在相協調爲核心關懷。

這裡回歸文本「秋毫」、「泰山」的討論，可看出人類對於現實事物的認識、價值判斷本身，其實相當不穩定，對同一事物，不僅不同人會有不同看法，就算是同一人對同一件事物，其看法也可能有所變化，這種變化總隨著時間、空間、生命際遇等條件的不同而有所轉變。莊子洞見出這種不穩定性，是作爲一種必然，從而要求以一種虛化自我的主體來看待。由於虛化，所以各種認識、判斷總能隨說隨掃，能有所理解，但又不因此執定。這是一種主體客體、內在外在相互運作的一種循環狀態，但這種運作屬於一種對眞理的持續追求，其本身現實中並無具體止境可言，持續反省與觀照，以至於達到物我「兩忘」自然而然的實踐狀態。〔註95〕

（九）〈齊物論〉頁16。

「一與言為二，二與一為三。」

其昶案：言，謂名稱；與，猶加也。道本無名，渾然至一。今加以名稱，是「一與言爲二」也。二者一之所化，太極離乎陰陽。莊生謂之「兩行」，張子所謂「兩在」，故不測也。既有名稱，即有對待，如謂道爲善，即與惡對。推之，有上即有下，有大即有小，是二又加一爲三也。《老子》云：「道生一，一生二，二生三，三生萬物」也。

初步看來，是作爲一種抽象的數字符號來作表示，使此段文意的詮釋空間相當大，而較難作概念上的確定。郭象注：

夫以言言一，而一非言也，則一與言爲二矣。一既一矣，言又二之，有一有二，得不謂之三乎？〔註96〕

「一」指事情本身，「二」指對事情本身的語言表達，而一與二的存在其實又

〔註94〕馬其昶《莊子故》頁15。

〔註95〕關於虛化工夫，筆者於第五章，第四節，有作專題的探討，讀者可聯繫本論文頁118～120。這部份的論述，以茲對照。

〔註96〕郭慶藩《莊子集釋》（台北：天工書局，1989年出版）頁82。

成爲另一種事情本身的存在，以事物必然得透過言語表達來作呈現，然一旦有言，又即爲一種不齊的狀態。類似見解還有成玄英、〔註97〕張默生〔註98〕、王叔岷先生。〔註99〕

對此，張松輝則聯繫到上文「天地與我並生，萬物與我爲一」的脈絡，認爲此處「物我一體」是第一件事，莊子表達「物我一體」的言語爲第二件事，即根據萬物一齊理論，莊子必須證明第二件事和第一件事是一回事，是齊同的，這就是第三件事。而翻譯此段爲：

> 既然物我爲一了，我就不該講話了，一旦講話，就有了分別，一旦有了分別，就還要費口舌去抹去這種分別，於是事情就變得越來越複雜，越來越混亂了。〔註100〕

此說不只能回應上文，對於下文「自此以往，巧曆不可得，而況其凡乎，故自無適有，以至於三，而況自有適有乎？無適焉，因是已」也能呼應。此處「無」應指虛化自我後，物我合一的狀態，此種體道狀態用言語表詮，都難免落於語言、思維上的僵化與執定，又何況是其他物論呢，但依舊得以這種體察，反覆去觀照，以「因是」、「兩行」的包容態度，去理解現實事物。

對此，馬其昶是聯繫到《老子》來作解釋，認爲「一」爲道，「二」爲對道之指稱，「三」是描述，既有名稱，即有對待，然言語有其限制，一旦對其指稱，便可能出現執定與對立。如指道爲善，則與不善相對，如此反覆追逐，則失其大本，物論紛紜。對於「巧曆不可得」，張松輝認爲其困境是在於思辨的複雜性，而馬其昶則是認爲，這段是描述物論衍生的具體過程。〔註101〕故又云「渾然一理，因是爲是，非以我往是彼，故曰「無適」也。雜以我見，則紛紜矣」，〔註102〕要求退開自我執定，回歸渾然無區分的理境狀態。而這種理解似乎也能呼應下文「道未始有封，言未始有常」的渾然一理到「爲是而有畛也」對於八德分疏的過程描述，因此轉向要求六合之外存而不論，六合之內議而不辯的處世態度，來避免捨本逐末的物論紛紜與執著。對此，張氏、

〔註97〕郭慶藩《莊子集釋》（台北：天工書局，1989年出版）頁82。

〔註98〕張默生《莊子新釋》（台北：漢京文化事業公司，1983出版）頁65。

〔註99〕王叔岷先生《莊子校詮》頁72。

〔註100〕張松輝《莊子疑義考辨》（北京：中華書局，2007年出版）頁45。

〔註101〕郭象、成玄英對於「有一有二，得不謂之三乎」的見解雖與馬其昶有別，但結果也是「描述物論衍生的具體過程」，就這點來説，兩者是相同的。

〔註102〕馬其昶《莊子故》頁16。

馬氏兩說各有可通之處。

（十）〈齊物論〉頁 16。

「仁常而不成，」

奚侗曰：江南古藏本「成」作「周」是也。郭象注：「物無常愛，而常愛必不周。」

王叔岷先生認同馬其昶看法，並補充〈列禦寇〉「仁義多責。」郭注：「天下皆望其愛，然愛之則有不周矣。」，認爲「不成」爲「不周」之誤。〔註103〕

從詮釋脈絡看來，應有兩種解法。一種是以道昭、言辯、仁常、廉清、勇忮爲貶義。如宣穎云「言辯者不勝辯，有常愛則不周，外示皎然則中不可知，恃力必敗」，〔註104〕而同郭象、馬其昶的立場；另一解，以道昭、言辨、仁常、廉清、勇忮視爲一種德性行爲，此行爲是以不道、不及、不成、不信、不成作爲態度來作反省，以明求道者應是不自是的，以此與上文大道不稱、大辯不言、大仁不仁、大廉不嗛、大勇不忮等語是同一種表達。

筆者思考，若欲解釋此處，首先得探析「常」與「成」的詞性，體察何者屬形容詞，若爲形容詞，則分清褒義還是貶義。然這些判斷，都得依上下文文意來作推敲，不能僅以字面意義作解釋。所以錄其原文疏解，以明其文意脈絡：

> 夫道未始有封，言未始有常。爲是而有畛也。請言其畛。有左，有右，有倫，有義，有分，有辯，有競，有爭，此之謂八德。六合之外，聖人存而不論。六合之内，聖人論而不議。春秋經世先王之志，聖人議而不辯。故分也者，有不分也；辯也者，有不辯也。曰：何也？聖人懷之，眾人辯之以相示也。故曰辯也者，有不見也。〔註105〕

此處「封」、「常」、「畛」皆是作爲道形而下，分化、定常、對立的一種描述，並非莊子所要追求的狀態。相反，莊子認爲聖人是不會去激化、強化這些狀態，對於超出人間之事理，聖人不言而體認，對於人間現象，聖人只描述而不評價，對於歷代治世的社會關懷，聖人有評價而不爭辯。所以現實中，有

〔註103〕王叔岷先生《莊子校詮》頁 76。
〔註104〕不過宣穎並未解釋「道昭而不道」爲何義。宣穎《南華經解》（廣州：廣東人民出版社，2008 年出版）頁 20。
〔註105〕馬其昶《莊子故》頁 16。

分化、執定的一面，也有渾然一理的一面，有相互爭辯的一面，也有沉默觀
照的一面。為何會如此呢？因為聖人總是虛化執定，理解一切事理而不強言，
而眾人則是秉持己見，只求征服對方。這種企圖下的爭辯，不只使自我執定，
無法反省己身之侷限，同時也忽略了追求真理的初衷。所以莊子認為：

> 大道不稱，大辯不言，大仁不仁，大廉不嗛，大勇不忮。〔註106〕

各種面相的至高德行其實是不自是、不強求、不刻意、不過度的。一方面是
以自然而然為原則下才有作為，以符合事理本身的成長，另一方面，這種過
程，總是一再透過自我反省，以泯去這種作為可能導致的僵固或異化。反之，
莊子認為：

> 道昭而不道，言辯而不及，仁常而不成，廉清而不信，勇忮而不成，
>
> 五者園而幾向方矣。〔註107〕

刻意彰顯大道、爭辯言語、定常以仁自居、追求廉明、勇狠，都可能使效果
適得其反，從而遠離原有的期待與初衷，故馬其昶對此強調，得要求化去此
五者之迹，才能貼近於道。〔註108〕

> 故知止其所不知，至矣。孰知不言之辯，不道之道？若有能知，此
>
> 之謂「天府」。〔註109〕

由此可知，莊子並非不要道、言、仁、廉、勇，只是對於這些德性要求，我
們應當省思個體存在可能隱含的盲點與侷限。道本身是渾然一理無區分的根
源存在，透過人們的落實必有分化、僵化、異化、自是的危險，所以得要求
持續性的虛化銷解。也由於道本渾然一理，求道者在放下自我的過程中，能
夠重新出發，包容現實的事物，繼續探索這世界運作的法則。而從這段文意，
也能理解莊子並不否定儒家，或是其他思想家的社會關懷，而是總要求這些
實踐活動下，作一生命侷限的反省，作一同情與對話的持續。藉由上下文對
比句參照，筆者認為，「常」為貶義，「成」為褒義。而王敔云：「大成不成，
故大仁不仁」〔註110〕、憨山云：「仁若常持有心，則有私愛，故不能大成萬

〔註106〕馬其昶《莊子故》頁16。
〔註107〕馬其昶《莊子故》頁16～17。
〔註108〕此處馬其昶案：園，謂化五者之迹。猶《老子》之言挫其銳也。馬其昶《莊子故》頁17。
〔註109〕馬其昶《莊子故》頁17。
〔註110〕王夫之《莊子通》（北京：中華書局，2009年出版）頁97。

物。」〔註111〕及宣穎的見解，亦皆與此相類，而應予肯認。

（十一）〈齊物論〉頁20。

「化聲之相待，若其不相待，」

其昶案：化聲者，天籟也。吹萬不同，使其自己，咸其自取，待而不待也。

呂惠卿、〔註112〕褚伯秀、焦竑、〔註113〕宣穎、王先謙、王叔岷先生的判斷相同，將「化聲之相待，若其不相待，和之以天倪，因之以曼衍，所以窮年也。」等句視為錯簡，置於「何謂何謂和之以天倪」之上。〔註114〕不過都並未交待這些判斷背後之論據，移動文句，文理似乎較順，但大抵看來歧異並不大，不作改動文意亦可通。

「化聲」，歷代諸家見解皆聯繫到前文的「天籟」、「地籟」作聯繫，如王夫之云：

> 詹詹如泠風，炎炎如飄風，皆化聲耳。化聲者，本無而隨化以有者也。怒者為誰，則故不可知也。以為必有怒焉者，則疑於有待；不知怒者之為誰，則疑於無待；皆滑涽而不得其端倪，則不可知也。
> 〔註115〕

是從存有論出發，對各種化聲其生成起源去作說明，認為聲本無有，隨化而有，無論從何去探求，都將落於不可知論。又如憨山云：

> 無而忽有曰化，言空谷之響乃化聲也，謂觀音聲如空谷傳響，了無情識，又何是非之有哉。此一句又總結前地籟，長風竅響，何有是非之執，所以有是非者，蓋是有機心之言，故競執為彼此之是非耳。故發論之初，乃曰夫言非吹也，為是非發端，今齊物論已了，必指

〔註111〕憨山《莊子內篇憨山註》（台北：新文豐出版公司，2004出版）頁248。
〔註112〕「化聲之相待，若其不相待，和之以天倪，因之以曼衍，所以窮年也」，其文當在「何謂和之以天倪」之上。簡編差互，誤次在此，觀其意可知也。呂惠卿《莊子義集校》（北京：中華書局，2009年出版）頁51。
〔註113〕焦竑云：呂注：同《纂微》，唯「卒不明」下增「矣」字，又末尾增『化聲之相待』至『所以窮年也』，合在『何謂和之以天倪』之上。簡編脫誤在此，觀文意可知」句。焦竑《莊子翼》（台北：廣文書局，1979年三版）頁33。
〔註114〕王叔岷先生《莊子校詮》頁93。
〔註115〕王夫之《莊子通》（北京：中華書局，2009年出版）頁102。

歸於地籟，故曰化聲相待，乃究竟齊物之功夫。若言語音聲如地籟，

則言出天真，了無機心，乃真天籟也。〔註116〕

憨山則由物論的角度，由認識、價值判斷的紛紜來作思考。其不只明確點出與地籟的聯繫，並進一步認為此音聲本無情識，又何來是非。之所以有是非，不在音聲本身，而在於人為機心的造作。故要求了無機心，回歸天籟。與此相反，宣穎則認為，這化聲並非天籟，而是人籟，就是物論本身，此「是非變化之聲，欲待人正。俱不能正，則與不待同」，由於人不能解，故才以天倪解之。〔註117〕

與宣穎相類，張松輝認為，無論雙方物論如何爭辯，即便是請別人來評判，也不能證明究竟誰是誰非，這樣一來，爭辯就顯得徒勞而無意義，既然如此那麼爭辯與不爭辯都是一樣的。〔註118〕又如張默生，認為「化聲，自然之聲，猶風吹萬竅所發之聲，既為自然之聲，便是自然如此，故待與不待等耳。」〔註119〕張松輝就物論不得解決的結果來看，而張默生則就物論之生本是自然，故應順從自然來論，但兩者都一樣得出「相待與不相待其實是相同」的結論。

一樣從物論角度出發，王先謙引郭嵩燾「言隨物而變，謂之化聲。若，與也。是與不是，然與不然，在人者也。待人之為是為然，而是之然之，而自是自然，一皆無與於其心，如下文所云也。」〔註120〕認為認識、價值判定本有其變動，肯定與否皆存乎一心來選擇，但莊子要求吾心當求虛化，不以個人意志來強加控制，而應同情地理解現實，包容一切存在的各種可能。與此相類的見解，還有呂惠卿。〔註121〕而馬其昶，則是結合存有論與認識、價值判定兩種論述，認為就存在來說，言「化聲者，天籟也。」以物我本是自然一體，本有感通無隔的可能，只是現實中必定有其侷限，故面對認識、價值判定本應要求「吹萬不同，使其自己，咸其自取，待而不待也。」如其自己的自然看待，這才能符合自然待物的態度，人也只有以此方式才可能與道相適。

〔註116〕憨山《莊子內篇憨山註》（台北：新文豐出版公司，2004出版）頁266～267。
〔註117〕宣穎《南華經解》（廣州：廣東人民出版社，2008年出版）頁23。
〔註118〕張松輝《莊子疑義考辨》（北京：中華書局，2007年出版）頁49～50
〔註119〕張默生《莊子新釋》（台北：漢京文化事業公司，1983出版）頁79。
〔註120〕王先謙《莊子集解》（台北：漢京文化事業公司，1988年出版）頁25。
〔註121〕呂惠卿云：「雖化聲之相待，與其不相待。」呂惠卿《莊子義集校》（北京：中華書局，2009年出版）頁50。

（十二）〈齊物論〉頁21。

「蘧蘧然周也。」

李頤曰：蘧蘧，有形貌。

此處純是字義的探究，較少涉及思想聯繫。成玄英疏：「蘧蘧，驚動之貌也。俄頃之間，事罷而覺，驚怪思省，方是莊周。」《釋文》：「李云：有形貌，崔作據據，引〈大宗師〉云據然覺。」〔註122〕對此，王叔岷先生，有所一些看法：

> 《太平御覽》九四五、《事類賦》注，引「蘧蘧」並作「瞿瞿」。而
> 〈徐無鬼〉「子綦瞿然喜，」《釋文》引李注：：「瞿然，驚視貌。」
> 此與成疏釋略同。〈大宗師〉「蘧然覺」《釋文》引崔本蘧作據，與此
> 文崔本及崔所引〈大宗師〉作據合。蘧、據、瞿，皆䀠之借字，《說
> 文》：「舉目驚䀠然也。」

王氏補充文獻例證，認爲這些只是假借字的分別，從而聯繫到《說文》，只是最後仍未具體說明「蘧然」究竟解釋爲，驚動、驚視貌，還是有形貌〔註123〕。此外尚有有一些別的注解。如張松輝，認爲應聯繫〈大宗師〉之蘧然，改爲輕鬆貌、〔註124〕憨山「籧籧然，僵臥之貌」、〔註125〕嚴復「蘧然覺，則蘧蘧自是覺貌，云有形貌，誤矣。」〔註126〕等不同說法。解法雖不全一致，但大抵是作爲莊子醒覺時的一種描述。

（十三）〈養生主〉頁21。

「緣督以爲經，」

王夫之曰：身後之中脈曰督，督者居靜，而不倚於左右，有脈之位而無形質者也。緣督者，以清微纖妙之氣循虛而行，止於所不可行，而行自順以適得其中。不居善之名，即可以遠惡之刑。〔註127〕

〔註122〕郭慶藩《莊子集釋》（台北：天工書局，1989年出版）頁113。

〔註123〕王夫之、馬其昶皆同意李頤，將「蘧蘧」解爲有形貌。王夫之《莊子通》（北京：中華書局，2009年出版）頁103。

〔註124〕張松輝《莊子疑義考辨》（北京：中華書局，2007年出版）頁52～54。

〔註125〕憨山《莊子內篇憨山註》（台北：新文豐出版公司，2004出版）頁273。

〔註126〕嚴復《莊子評點》（無求備齋老莊集成，自印本）頁483。

〔註127〕馬其昶原引「王夫之曰：身後之中脈曰督，居靜而不倚於左右，有位而無形質者。緣督者，循虛而行，以適得其中。」此段引文並不全，差異頗大，筆

　　王叔岷先生認為王夫之的解釋，是附會督為奇經八脈之一，所謂行清微纖妙之氣，乃鍊氣之術，可備一解，但絕非莊子本旨。王叔岷先生選擇從郭象注「順中以為常也」、《釋文》「李云：『緣，順也。督，中也。經，常也』」來作解釋。〔註128〕王夫之雖以督脈作聯繫，不過仍是以不偏不倚的順勢自然來作詮釋，論據雖有不同，但思想上強調「適得其中」與王叔岷先生並無衝突。

　　對於「中」，張松輝則進一步區別此與中庸之道不同，是一種圓滑的保身哲學。〔註129〕而鍾泰則認為，因中以為常，猶是「得其環中，以應無窮」之旨，處事雖有通變，但一切皆以「中」為準則。〔註130〕此外，呂惠卿解為「緣於不得已以為經，是乃刳心去智而止其所不知知道也。緣督者，緣於不得已之謂也。」〔註131〕強調此種狀態是立基於虛化自我後講求不得已的作為。憨山也解為「緣，順也。督，理也。經，常也。言但安心順天理之自然以為常，而無過求馳逐之心也。」〔註132〕以上見解，雖不聯繫督脈來作解釋，但結果亦與王夫之相類。大抵看來，「督」是被視為一種無所偏倚通達事理的處世原則，但有別儒家所講求的道德感之積極教化，是一種虛化執定後，要求理解並接受現實，達到順應自然與物無對的法則。

　　就如下文庖丁「依乎天理」的解牛藝術，透過「不以目視，官知止」的自我虛化，方能神遇洞察牛體全身，使刀刃無厚順其自然而運行，此虛化下的與物無對，不僅刀身不傷，牛亦不知其死也，這種物我兩全的處世原則，才是莊子所強調的實踐要求。〔註133〕

（十四）〈人間世〉頁29。

「絕迹易，無行地難；為人使易以偽，為天使難以偽。聞以有翼飛者矣，未聞以無翼飛者也；聞以有知知者矣，未聞以無知知者也。」

　　　者據王夫之《莊子解》原文補之。王夫之《莊子通》（北京：中華書局，2009年出版）頁104。

〔註128〕王叔岷先生《莊子校詮》頁101。

〔註129〕張松輝《莊子疑義考辨》（北京：中華書局，2007年出版）頁52～54。

〔註130〕鍾泰《莊子發微》（上海：上海古籍出版社，2002出版）頁66。

〔註131〕呂惠卿《莊子義集校》（北京：中華書局，2009年出版）頁55。

〔註132〕憨山《莊子內篇憨山註》（台北：新文豐出版公司，2004出版）頁279。

〔註133〕陳景元《莊子闕誤》引文如海本、劉得一本「如土委地」上，並有「牛不知其死也」句。轉引自焦竑《莊子翼》（台北：廣文書局，1979年三版）頁284。

　　嚴復曰：知，即「知出乎爭」之「知」，蓋無感其名，外於心知，去二兇器，而回可以行矣。○其昶案：不行而無迹，此出世法；行而不踐地，則入世而不爲世攖者。蓋人間世不能不爲人使，易以僞，故難也。惟能飛不以翼，知不以知，則人而天矣。虛故也。

此處《莊子故》引嚴復之言，釐清這裡的「知」爲認識、價值判斷的物論之知，並非體道之智慧，與名利一樣，都應當拋卻對此的執定。不行走，自然沒有蹤跡，反之則難，人的執著究如足跡一樣，有任何認識、價值判斷的形成，就難免有執著的生成。「僞」指人爲，指一種非天然的作爲，包含了刻意、私心等不自然的過多干預，每當只以自己的立場作出發，總難免不了「僞」的產生。反之，反省自身的存在侷限，以不自是的態度虛心體察事情本身的人，則能把握自然本性，使「僞心」逐漸消泯。

　　馬其昶認爲，求避世無累並不難，但要身處江湖而無擾就不容易，人間世總充斥著相互干預，物論間的相互紛擾。究其原因，就在於彼此總爲成心所執定，忘記自身之侷限，常強加干預事情的發展，失去同情與包容事物本性的能力。所以莊子強調，處世本不容易，要出入自在更是困難，而總應一在理解自己的本性，透過事態體察，尋出在適當的定位，減少彼我之困擾。只有作到這種虛化觀照，才能彼我無傷與物無對。對此，呂惠卿、〔註134〕焦竑、〔註135〕憨山、〔註136〕錢穆、〔註137〕王叔岷先生的意見，〔註138〕皆同馬氏。

　　筆者思考，這種出入自在的思考，一方面體現莊子的思想深度，另一方面也透過整段語言，呈現莊子的用世態度。〈人間世〉開頭以孔子與顏回的反

〔註134〕呂惠卿云：絕跡易，不能絕跡而無行地而難，忘我易，不能忘我而無累於物則難。呂惠卿《莊子義集校》（北京：中華書局，2009 年出版）頁 72。

〔註135〕焦竑云：人使則有我，故易僞，爲天使則無我，故難僞。夫知不以知，如人之行不以步，鳥之飛不以翼者，天使之也，此所謂虛也。焦竑《焦氏筆乘》（北京：中華書局，2008 年出版）頁 564。

〔註136〕憨山云：言逃人絕世尚易，獨有涉世無心，不著形跡爲難，即老子善行無轍跡。聖人應世，乃天之使也，若是爲人之使，容可以僞，聖人乘眞心而御物，又安可以僞乎。憨山《莊子內篇憨山註》（台北：新文豐出版公司，2004 出版）頁 309。

〔註137〕錢穆《莊子纂箋》（台北：東大圖書公司，1993 年四版）頁 31。

〔註138〕王叔岷先生云：此喻避世易，入世而超世難也。王叔岷先生《莊子校詮》頁 134。

覆答辨，層層反省侷限來探索處世實踐，從各種真切的提問側寫出莊子深沉而沈痛的關懷，莊子思想並非抽象思辨、或消極之避世，而是希冀於亂世中尋出值得肯定的生命價值。

（十五）〈人間世〉頁 29。

「坐馳」

王敔曰：坐馳，謂端坐而神遊六虛。○其昶案：《淮南》「是謂坐馳」，陸沈注：「言坐行神化，疾於馳傳。」方潛曰「應無所住而生其心也，坐微塵裏轉大法輪也。」〔註139〕

「坐馳」普遍是作為精神狀態的描述，但對這種狀態，有作貶義，亦有作褒義之解釋。作貶義描述可以郭象注為代表，其云：

> 若夫不止於當，不會於極，此為以應坐之日，而馳騖不息也，故外
> 敵未至而內已困矣，豈能化物哉。〔註140〕

雖為獨處之時，但內心卻相當紛擾而不平靜。與此相類的見解有宣穎、〔註141〕憨山、〔註142〕王先謙；〔註143〕而作為褒義解釋的可以馬其昶為代表，其聯繫《淮南子·覽冥》「是謂坐馳」陸沉注：「言坐行神化，疾於馳傳。」來作解釋，描述坐馳，為一種內外感通的精神狀態。筆者思考這種解釋，應是考量到《淮南子》與《莊子》之影響關係所作的詮釋，將《淮南子》及其注解一併作為理解莊子思想內容的素材。錢穆、王叔岷先生皆贊同這種解法。對於「夫且不止，是之謂坐馳」王叔岷先生云：

> 夫猶此也，「夫且不止」謂吉祥來止尚且不止，即不僅吉祥來止而已
> 之意。馬氏引《淮南》，見〈覽冥篇〉，高注「言坐行神化，疾於馳
> 傳。」亦正《莊子》「坐馳」之義。下文「鬼神將來舍，而況人乎！」

〔註139〕此處馬其昶引《淮南子·覽冥》「是謂坐馳」，陸沈注：「言坐行神化，疾於馳傳。」「陸沉」應是《淮南子》原文，而非注者，此處注者當為高誘，馬茂元的標點有誤。

〔註140〕郭慶藩《莊子集釋》（台北：天工書局，1989 年出版）頁 151。

〔註141〕宣穎云：必是貌似心齋，而實外馳。宣穎《南華經解》（廣州：廣東人民出版社，2008 年出版）頁 32。

〔註142〕憨山云：言人心皆本虛明，第人不安心止此，私慾萌發，則身坐於此，而心馳於彼，是之謂坐馳。憨山《莊子內篇憨山註》（台北：新文豐出版公司，2004 出版）頁 310。

〔註143〕王先謙云：若精神外騖而不安息，是形坐而心馳也。王先謙《莊子集解》（台北：漢京文化事業公司，1988 年出版）頁 37。

正所謂「坐行神化」也。《淮南子‧原道》:「執玄德於心,而化馳若神」亦符「坐馳」之義。郭注似非。〔註144〕

王叔岷先生不僅同意馬其昶,更依此理路對其文句作出疏釋。筆者試著疏釋下文,以對兩說作出判斷:

夫徇耳目內通,而外於心知,鬼神將來舍,而況人乎?是萬物之化也,禹、舜之所紐也。

對於「夫徇耳目內通」、「而外於心知」二句,筆者認為是互文見義。耳目、心知是作為人本有的基本必要的能力,但卻也存著必然之侷限。問題不在於否定、隔絕這些能力,而是不讓這些侷限給限制了,要能對此超越,達到對生命真實的體認。這種體認就是虛化自我執定下,復歸自然之觀照,也透過這種觀照,才能達到「鬼神將來舍」與物無對與道相適的平衡狀態。

「坐馳」就是這種感通下的精神描述,是做為一種肯定用語的表達,而非貶義的描述。與此相類的見解尚有,王夫之〔註145〕與章太炎。〔註146〕然而,張松輝並不同意以上這些看法,其認為坐馳是現實中不可能之事,莊子只想欲強調此種事態不可能發生。〔註147〕筆者則認為,張氏是以科學經驗來作判定,但上文已澄清,這是一種精神上的感通狀態,人可以體驗,但這終究屬於主體修養的心境感受,未能以科學經驗來作衡量,自然科學的論證方式在此無能為力,但就莊子的思想脈絡來看,此主客合一的感通狀態總有實踐的可能。

(十六)〈人間世〉頁30。

「吾食也執粗而不臧,爨無欲清之人。」

姚永概曰:《周禮》疏:「清,醴之泲者」,又《禮記》疏:「泲者曰清,不泲曰糟。」上句言不擇食,下句言不擇飲。

這段文意有以下幾種解釋:

〔註144〕王叔岷先生《莊子校詮》頁135。
〔註145〕王夫之云:如是以入遊其樊,知道之所知,而不以心耳生知,其知也,虛室生白,已養其和而物不得戾。若然者,凝神以坐,則四應如馳;即有不止者,亦行乎其所不得不行。王夫之《莊子通》(北京:中華書局,2009年出版)頁114。
〔註146〕章太炎云:止而不止,周流六虛,謂之坐馳。轉引自張默生《莊子新釋》(台北:漢京文化事業公司,1983出版)頁107。
〔註147〕張松輝《莊子疑義考辨》(北京:中華書局,2007年出版)頁73。

郭象注：「對火而不思冰涼，明其所撰儉薄也。」〔註148〕

王敔云：「爨人供食而已，不別求潔淨之物，令人取給。」〔註149〕

劉辰翁云：「自謂服勞攻苦，非有求於世。」〔註150〕

宣穎云：「甘守粗糲，不求精美。炮炙寡而不熱。」〔註151〕

鍾泰云：「『執』，守也。『臧』，善也。守其粗薄，不求精善也。『清』通清，就涼也。爨人不須就涼，見炮燔時少，食粗有徵也。」〔註152〕

以上解釋，大抵認為是描述葉公子高，食不求精，爨人不求涼，刻苦寡欲的簡樸態度。

張松輝對此的疑義在於，歷代諸家注解，只解釋了這簡樸狀態，卻未從文意、思想脈絡上加以說明，使此二句的存在顯得有些突兀。張氏認為這應聯繫到使者之任務，只求達成任務，但不求做的很優秀，就像吃飯一樣，只求吃飽，不求吃好，對於任務本身，並不設定過高的期望。也不怕吃苦，就如廚師在廚房就不貪圖清涼，是一樣的道理。張氏並認為這兩句，可能是當時人的常用語，以說明擔當任務的態度，因此莊子引用時，沒有加以詳細說明，從而造成後人理解上的困難。〔註153〕

（十七）〈人間世〉頁31～32。

「形莫若就，心莫若和。」

郭象曰：就者形順，入者遂與同。又曰：和者義濟，出者自顯伐。

《莊子故》引郭象的注解，這裡的心，是指一種認識、價值判斷的心知，以「就」為外表順從，「和」為內在價值原則的調和，「就」、「和」分別代表對內、對外不同的態度，但皆作為處世的基本原則。與此相類，呂惠卿云：

> 形莫若就，則外曲而屈也，心莫若和，則內直而伸也。……就之失在入，故不欲入，入者言其入而與之同也；和之失在出，故不欲出，出者言其出而與之異也。〔註154〕

〔註148〕郭慶藩《莊子集釋》（台北：天工書局，1989年出版）頁154。

〔註149〕王夫之《莊子通》（北京：中華書局，2009年出版）頁114。

〔註150〕焦竑《莊子翼》（台北：廣文書局，1979年三版）頁46。

〔註151〕宣穎《南華經解》（廣州：廣東人民出版社，2008年出版）頁33。

〔註152〕鍾泰《莊子發微》（上海：上海古籍出版社，2002出版）頁90。

〔註153〕張松輝《莊子疑義考辨》（北京：中華書局，2007年出版）頁73～74。

〔註154〕呂惠卿《莊子義集校》（北京：中華書局，2009年出版）頁78。

將這兩種態度，聯繫到前文的「外曲」、「內直」來作解釋，並認為這兩種態度，倘若被過度強調，也不免有其流弊。值得注意的是，《莊子》前文描述的「外曲」、「內直」，〔註155〕其評價是：

> 惡，惡可！太多政法而不諜，雖固亦無罪。雖然，止是耳矣，夫胡可以及化，猶師心者也。〔註156〕

雖然這種方式，能使人無罪免患，但效果僅是如此，終不能達到原初教化的目的，因為細尋這種處世原則，雖已較通達圓融，但其背後依舊不免存著一絲自是、刻意的念頭與教化的執著，而不能眞正體認自然。由此看來，前文的「外曲」、「內直」理境並不算圓滿，同樣的，此處的「形莫若就，心莫若和」之實踐也有其缺憾，故仍得要求「形不欲入、和不欲出」，出入自在自然方免去各種限制。對此，王夫之更秉著前文「古之至人，先存諸己，而後存諸人」的描述，認為此處是追求「後存諸人」的善術，其云：

> 此存諸人者之善術也。存諸己者，不悦生而惡死，定於虛一矣；而後存諸人者，乘物以遊心。伯玉之言，一乘物以遊心也。形之就，亦「外曲」也；心之和，亦「內直」也。因就而入感其心，則與俱靡而不能「無疵」；以其和者出而示人，則與不肖之心爲「町畦崖岸」，而至「毀首碎胸」之患；皆有心知之美，自伐以犯人，幾于死亡而不覺者也。〔註157〕

以此段是乘物以遊心的實踐要求，是一種不避世卻又能自在的狀態。「形莫若就」的外曲，和「心莫若和」的內直，即是這種狀態的實現方式。不過，過於強調「外曲」，可能使內心不斷逐外波動，而有「爲顚、爲滅、爲崩、爲蹶」的紛擾；若過於強調「內直」，則可能導致對內在價值逐漸執定而自是自張，而出現「爲聲、爲名、爲妖、爲孽」的干預造作。兩種態度各有特性與限制，要克服這種限制，自我與外在總需處於一種相互作用的循環聯繫，吾人同情

〔註155〕顏回：「然則我內直而外曲，成而上比。內直者，與天爲徒。與天爲徒者，知天子之與己皆天之所子，而獨以己言蘄乎而人善之，蘄乎而人不善之邪？若然者，人謂之『童子』，是之謂『與天爲徒』。外曲者，與人之爲徒也。擎跽曲拳，人臣之禮也，人皆爲之，吾敢不爲邪？爲人之所爲者，人亦無疵焉。是之謂『與人爲徒』。成而上比者，與古爲徒。其言雖教，謫之實也。古之有也，非吾有也。若然者，雖直而不病。是之謂『與古爲徒』。若是，則可乎？」馬其昶《莊子故》頁27～28。

〔註156〕《莊子故》頁28。

〔註157〕王夫之《莊子通》（北京：中華書局，2009年出版）頁116～117。

包容觀照這世界，這世界也汲養照護著吾人。對此，憨山、〔註 158〕宣穎、〔註 159〕王先謙、〔註 160〕王叔岷先生、〔註 161〕張松輝等解釋，〔註 162〕都類同王夫之詮釋的進路。

形順心和仍不免有患，在於根源上仍獨獨以一己之心力來求成功。該順的該和的，非世俗之意，而是自然之意，應虛己執定來與道相順相和。〈人間世〉反覆提及現實有著內在與外在兩種磨難，而這與處世態度有著密切關係。莊子察覺方法限制與生命存在之限制，也察覺人之想改變人實有其困難。在改變他人之時，自己也可能為現實所改變，然如此也就能理解蘧伯玉在文前，為何會有「戒之，慎之，正汝身哉」的謹慎強調。

這種狀態難以用單一方法論，將內、外兩面截然二分，來逐一控制，而是得將兩著皆納入虛化執定之反省，重新理解與觀照。所以《莊子》下文云：「彼且為嬰兒，亦與之為嬰兒；彼且為無町畦，亦與之為無町畦，彼且為無崖，亦與之為無崖。達之，入於無疵。」即是要求一種如其本性的同情理解，體察這個造化法則，使事物達到合乎自然的發展。應「就」，但不應「入」，應「和」，但不應「出」。這也側寫出莊子並非要求避世，或希冀隨波逐流，而是與天為徒，亦與人為徒，尋出本性之自然價值，從而融入現實，參與天地之造化。

（十八）〈德充符〉頁 40。

「不見己焉爾，不得類焉爾。」

其昶案：不見己，無知覺也；不得類，不似昔也。

〔註 158〕憨山云：前言其人很戾不可逆之，疑將順其美，而後救其惡。後言中心不可以不善而逆之，故莫若和。又曰，雖然形就心和，亦未免患。形就，將與己同。心和，則將悅己，以此縱之，則不敢以規諫，故有患。言形雖就，不可全身放倒也。出者，謂顯己之長，形彼之短，故不欲出。憨山《莊子內篇憨山註》（台北：新文豐出版公司，2004 出版）頁 325。

〔註 159〕宣穎云：外為親附之形，內寓調濟之意。然雖附之，不可陷其惡，雖調之，不可顯己之善。宣穎《南華經解》（廣州：廣東人民出版社，2008 年出版）頁 35。

〔註 160〕王先謙云：附不欲深，必防其縱；順不欲顯，必範其趨。王先謙《莊子集解》（台北：漢京文化事業公司，1988 年出版）頁 40。

〔註 161〕王叔岷先生云：外表遷就，內心寬合。王叔岷先生《莊子校詮》頁 146。

〔註 162〕張松輝認為，「和」是指有自己判斷，但態度柔和、內斂。張松輝《莊子疑義考辨》（北京：中華書局，2007 年出版）頁 74～75。

「不見己焉爾」，有作「不見已焉爾」者，用字不同而有解釋分歧。歷代注解多從「不見己焉爾」來解，如郭象、〔註163〕成玄英、〔註164〕憨山、〔註165〕宣穎、馬其昶、鍾泰。有別於此，王叔岷先生作「不見已焉爾」來解，其云：

> 郭《注》、成《疏》並以己為人己之己，義頗迂曲。「已」與「以」同，「以」、「似」古通，（易明夷：「文王以之。」荀謂、向秀本以作似。）「似」與「類」義相應。蓋死母徒有其形，與**狶**子不相似相類也。

王叔岷先生認為郭象、成玄英的解釋義頗為迂迴，而以「已」、「以」同，「以」、「似」古通，「似」與「類」義相應。然王氏並未舉出《莊子》此處的異文之例證，而有待商榷。王氏的詮釋，字義雖簡要，卻得運用兩次用字的類比來輾轉解釋，就詮釋途徑而言，亦屬迂迴。〔註166〕對於這段文句，筆者引宣穎的看法來作解釋，其云：

> 以母於己不似往時之見己爾。以己視母，又不類昔之狀貌爾。〔註167〕

與此相類，鍾泰亦云：

> 「不見己」，就死母言。「不得類」，就**狶**子言。求其所以與己同類者而不得，故曰「不得類」也。兩「爾」字與耳同。「使其形者」，形之所待以運動，後文之所謂德也。〔註168〕

儘管宣穎、鍾泰詮釋風格與王叔岷先生的文獻類比不同，但解釋結果卻仍舊相近，認為以精神重於形體之價值。當使其形體運作的生命內在消逝，狶母將未若以前的狶母，也未類今日的狶子，而成為一陌生事物，使得狶子因此驚惶離去。此處強調精神重於於形體的理念，也是〈德充符〉一篇的主旨關懷，

〔註163〕郭象注：夫生者以才德為類，死而才德去矣，故生者以失類而走也，故含德之厚，比於赤子，無往而不為之赤子也。則天下莫之害，斯得類而明己故也，情苟類亡，則雖形同母子，而不足以固其志矣。使其形者，才德是也。郭慶藩《莊子集釋》（台北：天工書局，1989 年出版）頁210。

〔註164〕成玄英云：以況哀公素無才德，非是己類，捨棄而去。郭慶藩《莊子集釋》（台北：天工書局，1989 年出版）頁210。

〔註165〕憨山：前謂母之不見己也，後謂言形僵不同前者之食於母，故皆棄之而走也。憨山《莊子內篇憨山註》（台北：新文豐出版公司，2004 出版）頁357。

〔註166〕王叔岷先生《莊子校詮》頁191～192。

〔註167〕宣穎云：以母於己不似往時之見己爾。以己視母，又不類昔之狀貌爾。宣穎《南華經解》（廣州：廣東人民出版社，2008 年出版）頁43。

〔註168〕鍾泰《莊子發微》（上海：上海古籍出版社，2002 出版）頁120。

無論形體如何，都得面對與接受，作爲一種自然來看待，使內、外在爲相協相合。與此相類，王夫之、〔註169〕焦竑與錢穆亦同此見。〔註170〕

　　對此，張松輝則不解釋「類」爲同類，其引用《爾雅‧釋詁》，指「類」是善、美好的意思，並參考一些古書用例來作說明。〔註171〕不過這樣的用法，《莊子》似無類似用例，而有待商榷。但就詮釋結果來看，仍屬一種對於內在精神價值的描述，只是描述較爲具體，就思想層面而言並無太大區別。

　　（十九）〈大宗師〉頁46。

　　「藏小大有宜，猶有所遯。」

　　江遹曰：大化之密移，求之於身，百年之役，顏色智態，無日不異，奈何其不自悟邪？

　　張松輝對此段的疑義在於「小大」所指的事件爲何，其認爲此處應聯繫上文「藏舟於壑，藏山於澤」，解爲：

> 偷舟的人，誰會想到應去山溝裡呢？偷山的人，誰又會想到應去大澤裡呢？然而收藏如此恰當，結果還是被別人偷走了。〔註172〕

對此，馬其昶的解法，稍有不同，其云：

> 澤中有山，山中有壑，而舟又可藏壑中，可謂固矣；然而子夜潮至，舟或解纜。喻造化推移，莫得遯也。〔註173〕

馬氏同樣也聯繫到「藏舟於壑，藏山於澤」，但他又將舟、壑、山、澤在做一連結。以舟藏於壑，壑隱山中，山又隱於澤中，可謂善藏，並對於「夜半有力者負之」解爲子夜之潮的到來，令人失舟而無覺。馬氏與張氏一樣都認爲這段文句只是一種譬喻，不過，兩人皆試圖用現實經驗來作解釋。造化之變，無所不在，儘管透過妥善細密的保藏，也不可能阻止變化的到來。然而此變，究竟是心變，還是事變，還是兩者皆變呢？對此，王夫之云：

> 故養生者，不養其生，而養其不可死者。……今日之生，昨日之死

〔註169〕王夫之云：斥內外不符者，人必棄之。王夫之《莊子通》（北京：中華書局，2009年出版）頁126。

〔註170〕焦竑《莊子翼》（新北市：廣文書局，1979年三版）頁57。錢穆《莊子纂箋》（台北：東大圖書公司，1993年四版）頁43。

〔註171〕張松輝《莊子疑義考辨》（北京：中華書局，2007年出版）頁85～86。

〔註172〕張松輝《莊子疑義考辨》（北京：中華書局，2007年出版）頁89～91。

〔註173〕馬其昶《莊子故》頁46。

也。執其過去，億其未來，皆自謂藏身之固，而瞬未及轉，前者已
銷亡而無餘。唯渾然于未始有極之中，生亦吾藏，死亦吾藏，隨萬
化以無極，爲一化之所待，無不存也，而奚遯也。〔註174〕

王夫之透過時間的角度來看待變化，從時間流逝裡，看到任何事物皆不能永
恆保有。就此來看，變化是一種客觀事實。宣穎〔註175〕、憨山〔註176〕等注
解，亦同此見。而呂惠卿則云：「物無大小，心存則存，心亡則亡。」則認
爲事物一切皆由主體心境所朗現，心中無道，物何能存，心中有道，則能知
物之情而將天下歸之於天下。〔註177〕而褚伯秀認爲「人處造化之中，欲逃
造化之遷變不得也。」以一切都在變化，而人即處於這變化之中。〔註178〕

　　筆者認爲，莊子言變，既描述事之變，也描述心之變，透過不同視角，
側寫這些變化的必然，呈顯出人生際遇的變幻莫測與不可奈何。時間總在流
動，際遇總在變動，而人本身同樣也在變。然而，莊子並非只停留於此，他
更有一種企圖，希冀能在這種變動中，尋回本性的依歸。這並非是一種定解
式的回應，而是一種對自我、對事情本身的反省，需要在日常生活中不斷地
嘗試與理解，才逐漸把握到本性的眞切，與事物本有的自然。事物在變，吾
人亦變，只是吾人之變，是基於虛心觀照下，與道相適之變。這種變化不再
使心境感到困擾，也不在使事物無端遭到干預，取得一種內外平衡的自然發
展，這是一種智慧，一種力量，但這種力量已非人爲所主宰的力量，而是天
地賦予事物本身的造化法則。

　　（二十）〈大宗師〉頁52。

　　「有旦宅而無情死。」

　　其昶案：旦，同「但」。《淮南》「媟但者，非學謾也」，注云：但，猶詐
也。「旦」、「但」，皆「誕」之借字。旦宅，與情死對文。情者，誠也、實也。
形爲假宅，故有駭動；心非實死，故無損累。《淮南》作「且人有戒形，而無

〔註174〕王夫之《莊子通》（北京：中華書局，2009年出版）頁136。
〔註175〕宣穎云：藏小於大，宜也。不知與化爲體，雖藏之得宜，無以禁其日變也。
　　　　宣穎《南華經解》（廣州：廣東人民出版社，2008年出版）頁51。
〔註176〕憨山云：形與天地，雖小大有宜，而皆不免於變。憨山《莊子內篇憨山註》
　　　　（台北：新文豐出版公司，2004出版）頁390。
〔註177〕呂惠卿《莊子義集校》（北京：中華書局，2009年出版）頁127。
〔註178〕褚伯秀《南華經管見》，轉引自，焦竑《莊子翼》（台北：廣文書局，1979年
　　　　三版）頁頁68。

損於心；有綴宅，而無耗精」。「戒」即「馘」，與「駭」同。彼注云「精神居其宅，則生；離其宅，則死」。言人雖死，精神終不耗滅。

　　馬其昶聯繫《淮南子》以「旦」為「誕」，解為假宅，而與實情相對。又以「戒」為「馘」，與「駭」同，解為耗減之意。對此，王叔岷先生同意這種看法，並認為馬氏所聯繫的《淮南子·精神篇》，可進一步判定「耗精」作「死情」，乃「情死」之誤倒。其云：

> 死與耗義近，《釋名·釋喪制》：「死，澌也。精神澌盡也。」情、精古通，情非誤字。「有駭形而無損心，有旦宅而無情死。」謂形骸有更改，而心靈無損減，形體有轉變，而精神無耗盡也。〔註179〕

王氏並指出劉師培、奚侗也持相同看法。劉師培認為古籍耗恒作眊，眊、死、精、情、形近互譌，倒書為「情死」。郭象據譌本為釋，遂弗可通。〔註180〕對於這種精神狀態的強調，使人一方面從心上下功夫，虛化自我的執定，與道相適來獲得穩定，另一方面，也坦然認清形體削損本是一種自然，吾人應接受這種現實本有的發展。與此相類的見解，還有王夫之、〔註181〕憨山、〔註182〕宣穎、〔註183〕王先謙。〔註184〕儘管這些注解略有不同，有將「旦」作虛假解，有的作旦夕解，但都是指向一種必有削損與轉變的描述，指的是形體，而與精神面的穩定保存相對。與此有別，鍾泰則解為：

> 「有旦宅」者，謂宅於神明，指「己有所簡」言。「無情死」，謂情未嘗亡，指「簡之不得」言。〔註185〕

〔註179〕王叔岷先生《莊子校詮》頁 261～262。

〔註180〕郭象注：以變化為形之駭動耳，故不以死生損累其心；以形骸之變為旦宅之日新耳，其情不以為死。郭慶藩《莊子集釋》（台北：天工書局，1989 年出版）頁 276。

〔註181〕王夫之云：此哀樂不能入之微。……形可駭，旦可宅，而心固不損，死固不足以蕩其情，惟自忘其吾而已矣。王夫之《莊子通》（北京：中華書局，2009 年出版）頁 141。

〔註182〕憨山，言其生如旦，其形如宅，謂假形雖化而真宰長存，故曰有旦宅而無情死。情，實也。憨山《莊子內篇憨山註》（台北：新文豐出版公司，2004 出版）頁 422。

〔註183〕宣穎云：旦者，每日之要也。寓於日邊之宅，而實理未嘗或息。宣穎《南華經解》（廣州：廣東人民出版社，2008 年出版）頁 58。

〔註184〕王先謙引姚鼐語：情，實也。言本非實有死者。王先謙《莊子集解》（台北：漢京文化事業公司，1988 年出版）頁 67。

〔註185〕鍾泰《莊子發微》（上海：上海古籍出版社，2002 出版）頁 160。

鍾泰認為是宅於神明，而非形體，並以這種神明未嘗亡去。只是鍾泰並未對「且」作解釋，並忽略了「有駭形而無損心，有旦宅而無情死」這兩句本身帶有的對文聯繫，單從此句獨立解釋，難作脈絡連貫的詮釋。

筆者認為莊子雖強調精神的重要，但此精神非自我中心，正相反，這是一種不斷虛化自我的一種體道狀態。此種狀態必得過主體來作發用，並透過虛化之後的主體重新體認人間世，即所謂與天為徒，與人為徒之境。並非逃避、隔絕外在，故承認現實的變遷如旦宅般的不定，但也由於本性與道相繫，故面臨變動仍能無所困擾。

小　結

以上二十條《莊子》疑義的闡釋，是對馬其昶《莊子故》訓釋效力的檢視，並透過這種檢視，偕歷代名家注釋之力，再次探求《莊子》之思想旨趣。因為參考的注本不少，所以論述顯得龐雜繁瑣，但也因為這種理解企圖，對《莊子》能有豐富的體察。

就檢視馬其昶的注解這一面，首先可以明顯體察，《莊子故》的注釋，其實仍具詮釋效力，除了第三、八、九、十二條等處的解釋，意義有待商榷外，其他注釋多能合理詮釋《莊子》的內文，並彰顯莊子之旨趣。只是，這種詮釋不免簡要，或需其他注本家以參照，方能更充分地解釋文本。本章「以訓注莊」，雖以漢學考據的家學脈絡切入，也點出馬其昶有著漢學治學的風格與成果，但細究此二十條疑義，可發現解決其疑義問題的條件，其實未必是以漢學考據方法來為作前提。

值得注意的是，此處引用漢學家成果的論述不多。因為考察王念孫、王引之父子的著作、〔註186〕孫詒讓的《札迻》、俞樾的《諸子平議》與章太炎的《莊子解詁》等書的訓釋後發現，對於此二十條疑義，可資參考的地方並不多。〔註187〕這應該不是一種偶然，只是為何會有這樣的結果呢？清代學者對於諸子的研究其實相當豐富，但漢學家對於諸子研究成果卻相當有限，或許是領域的不同，或文本的特殊性使然。〔註188〕就領域來看，有可能此處二十

〔註186〕《讀書雜志》、《經義述聞》、《廣雅疏證》、《經傳釋詞》等書。
〔註187〕唯一引用的，是第四條疑義，俞樾《諸子平議》對於「小閒」的注解。
〔註188〕對此問題，劉仲華在《清代諸子研究》裡認為，《莊子》以義理見長，而且文法怪譎多變，如果僅僅從訓詁校勘入手，而不充分探求其義理的奧妙並琢磨

條疑義多屬思想上的探究，思想的探究與字義的探究，思考層次並不同。而《莊子》的思想性格，思辨深度又更爲深邃玄遠，僅憑考據，不易釐清書中疑義。

不過換個角度，至少能認定，馬其昶在詮釋《莊子》的過程中，不限於漢學考據，而能對歷代注本不同領域的各家見解有所檢驗與吸收，這種立基於開放性的知識揀擇，才是至今仍能合理詮釋《莊子》的根本原因。不僅如此，馬其昶的注釋，有從本體論入手，亦有從認識、價值判斷來探究，試著切合現實經驗來作解釋。其理解有從文獻、考據出發，更有從現實際遇來作思考，使《莊子》並非只是書面上的字義探究，而總能提昇爲現實生命的眞理探求。筆者認爲，倘若少了這種生命際遇的聯繫，對莊子的感通就顯得隔閡而困難，故本文在探究文本的疑義時，亦置入自身際遇的反思，只是這種反思同馬其昶一樣，得與諸家見解相磨合，與《莊子》文本本身相磨合，作爲一種持續消融、修正的理解。

莊子的思想並非流於形式上的抽象思辨，它的內容得透過吾人主體生命的注入方能繼續體現，但這種體現過程，雖以自我的生命內容爲基礎，卻是以虛化自我成見與執著下的反省作出發。每當解讀《莊子》，總持續虛化自身的執定，以更大的開放性去檢視自身與諸家見解的有效性，最後並歸於文本與現實狀況，探求是否有理解與實踐的可能。不過，吾人也應警惕，這是一種理念，理念是否合理仍得有所反省，就算理念合理也不意謂能必然實現，所以總得持續地去作嘗試。有意思的是，每當探求歷代注解時，似乎總能感受到諸多不同生命際遇的呼應，這種圍繞在《莊子》思想的事情本身，傾聽彼此際遇的理解把握，讓人明白這並非是滯留於知識層面的形式思辨，而是對生命哲學作一多角度的反覆體驗。

其奇變之文法，則終究是隔穴搔癢，不得眞諦。劉仲華《清代諸子研究》（北京：人民大學出版社，2004 出版）頁 303。

第四章 以文解《莊》

　　以文解《莊》即是指《莊子故》以文學領域思維作爲注釋的方式，此章由馬其昶的師承脈絡開始，理解其桐城派治學理念與影響。再從文章題旨、篇章架構考察《莊子》，並回到《莊子故》的注釋形式作一檢討。最後，則觀察其特殊之句讀現象。

第一節　桐城派師承

　　馬其昶雖然處於漢學派家學，然主要是師承於桐城學派的吳汝綸與張裕釗（姚鼐亦屬馬其昶遠親），而有著桐城學派的治學背景。這裡將介紹這兩人的背景，以及帶給馬其昶的影響。首先是吳汝綸，據《清史稿》記載：

> 吳汝綸，字摯父，桐城人。少貧力學，嘗得雞卵一，易松脂以照讀。好文出天性，早著文名。同治四年進士，用内閣中書。曾國藩奇其文，留佐幕府，久乃益奇之，嘗以漢禰衡相儗。旋調直隸，參李鴻章幕。時中外大政常決於國藩、鴻章二人，其奏疏多出汝綸手。
>
> 其治以教育爲先，不憚貴勢，籍深州諸村已廢學田爲豪民侵奪者千四百餘畝入書院，資膏火。聚一州三縣高材生親教課之，民忘其吏，推爲大師。
>
> 鴻章素重其人，延主蓮池講席。其爲教，一主乎文，以爲：「文者，天地之至精至粹，吾國所獨優。語其實用，則歐、美新學尚焉。博物格致機械之用，必取資於彼，得其長乃能共競。舊法完且好，吾猶將革新之，況其窳敗不可復用。」其勤勤導誘後生，常以是爲說。

嘗樂與西士遊，而日本之慕文章者，亦踔海來請業。會朝旨開大學堂於京師，管學大臣張百熙奏薦汝綸加五品卿銜總教務，辭不獲，則請赴日本考學制。既至其國，上自君、相及教育名家，婦孺學子，皆備禮接款，求請題詠，更番踵至。旋返國，先乞假省墓，興辦本邑小學堂。規制粗立，遽以疾卒，年六十四。

汝綸爲學，由訓詁以通文辭，無古今，無中外，唯是之求。自群經子史、周、秦故籍，以下逮近世方、姚諸文集，無不博求慎取，窮其原而竟其委。於經，則《易》、《書》、《詩》、《禮》、《左氏》、《穀梁》、四子書，旁及小學音韻，各有詮釋。於史，則《史記》、《漢書》、《三國志》、《新五代史》、《資治通鑑》、《國語》、《國策》皆有點校，尤邃於《史記》，盡發太史公立言微旨。於子，則《老》、《莊》、《荀》、《韓》、《管》、《墨》、《呂覽》、《淮南》、《法言》、《太玄》各有評騭，而最取其精者。於集，則《楚辭》、《文選》，漢魏以來各大家詩文皆有點勘之本。凡所啓發，皆能得其深微，整齊百代，別白高下，而一以貫之。盡取古人不傳之蘊，昭然揭示，俾學者易於研求；且以識夫作文之軌範，雖萬變不窮，而千載如出一轍。〔註1〕

身爲桐城後學之一的吳汝綸，寄託個人抱負與社會關懷於文章、教育之中，其治學理念有承曾國藩的立場，而頗爲開通，於姚鼐義理、詞章、考據三者並重的理念上，再加一經濟之學，以貫徹「經世致用」的實踐宗旨，切合當時現實需求的變化。學問上不僅要求泯除傳統的門戶之見，對於西學也不加排斥，並曾至日本考察教育，回國設立新式學堂。由引文可知，吳氏治學內容遍及經史子集，中西古今，但求理念能有所落實，而不流於空談。其主張「由訓詁以通文辭，無古今，無中外，唯是之求。自群經子史、周、秦故籍，以下逮近世方、姚諸文集，無不博求慎取，窮其原而竟其委。」的治學理念，也明顯塑造了馬其昶日後的治學態度，就《莊子故》的取材廣範、不拘漢宋的方法思維、融貫諸家見解的注釋態度、雅潔的表現型態等現象來看，皆能與吳汝綸的學思理念相表裡。

〔註1〕此處與《清儒學案》記載兩相對照，文字雖有疏略不同，但內容並無明顯出入，本文選擇以《清史稿》爲準。趙爾巽編《清史稿·儒林傳》（台北：新文豐出版社，1981年出版）；徐世昌編纂《清儒學案》（北京：中華書局，2008年出版）第八冊，頁7283～7284。

　　馬其昶早年先師事於吳汝綸，後來經吳氏的舉薦，也從學於張裕釗門下，〔註 2〕張氏與吳氏為故交，皆為桐城門人，曾國藩四大弟子之一。《清史稿》記載：

　　張裕釗，字廉卿，武昌人。少時，塾師授以制舉業，意不樂。家獨有《南豐集》，時時竊讀之。咸豐元年舉人，考授內閣中書。曾國藩閱卷賞其文，既，來見，曰：「子豈嘗習子固文耶？」裕釗私自喜。已而國藩益告以文事利病及唐、宋以來家法，學乃大進，寤前此所為猶凡近，馬遷、班固、相如、揚雄之書，無一日不誦習。又精八法，由魏、晉、六朝以上窺漢隸，臨池之勤，亦未嘗一日輟。國藩既成大功，出其門者多通顯。裕釗相從數十年，獨以治文為事。國藩為文，義法取桐城，益閡以漢賦之氣體，尤善裕釗之文。嘗言「吾門人可期有成者，惟張、吳兩生」，謂裕釗及吳汝綸也。

　　裕釗文字淵懿，歷主江寧、湖北、直隸、陝西各書院，成就後學甚眾。嘗言：「文以意為主，而辭欲能副其意，氣欲能舉其辭。譬之車然，意為之御，辭為之載，而氣則所以行也。欲學古人之文，其始在因聲以求氣，得其氣，則意與辭往往因之而益顯，而法不外是矣。」世以為知言。著《濂亭文集》。〔註3〕

《清史稿》主要描述了張裕釗文章方面的成就，以及與曾國藩的關係，然記載頗簡，而《清儒學案》則紀錄了張氏治學原則。其云：

　　張裕釗字廉卿，武昌人。道光丙申舉人。少承家學，又從曾文正公遊，篤志古文，學以大進。其為文段涂韓、歐，上推秦、漢，原本六經，沉潛乎許、鄭之訓詁，程、朱之義理，以究其微奧。嘗謂：「宋儒有言，學者學為仁義也。《孟子》七篇，一以仁義曉人，若能即『無欲害人、無穿窬』二語，深繹而內省之，則為人之大本矣。」其與鍾子勤書曰：「自康、雍、乾、嘉以來，經學極盛，遠軼前代，然窮末而置其本，識小而遺其大，反以詆訾宋賢，自立標幟，號曰漢學，天下承風相師，為賢君子病焉。近乃復有篤志之士，求宋儒

〔註 2〕考察《清史稿》，吳汝綸與張裕釗傳末的從屬弟子，並未將馬其昶列入，不知何故，筆者臆測，可能在於馬其昶非專學於一人，而《清史稿》只列專學一人之弟子。徐世昌編纂的《清儒學案》則將馬其昶列於吳汝綸後，併入摯甫學案。
〔註 3〕趙爾巽編《清史稿・儒林傳》（台北：新文豐出版社，1981 年出版）。

－93－

之遺緒，推闡大義，然或專事義理，而屏棄考證爲不足道，雖其說
甚美，而訓詁制度之失其實，則於經豈有當歟？」其持論平實，蓋
確守文正之家法也。〔註4〕

張裕釗認爲漢、宋兩學本互有長短得失，徒守一方皆不免有弊，雖屬桐城學
派，但張氏未若方東樹《漢學商兌》激烈，對宋明理學多所迴護，對漢學痛
加數落，而是以一較持平的態度，認爲治學本應打破門戶兼容並蓄。

　　吳汝綸、張裕釗的治學路徑大抵相同，都以文章見長，治學又主張不囿
於門戶，這不僅應聯繫到曾國藩，更可追溯到桐城三祖之一的姚鼐。姚鼐本
受姚範的影響，對經學有所用心，更基於經學研究的立場，來統合三種思維
的運用。不過自姚鼐主張義理、辭章、考據三者爲一的治學理念以來，能夠
具體實現這項原則的人，其實不多，大抵看來，桐城學派仍以文學理論、文
學藝術方面的發展爲主。曾國藩重新提倡這項理念，但由於奔波於政局軍事，
實未能有具體的學術成果。而其後學吳汝綸，則能有《易說》、《寫定尙書》、
《尙書故》等，不少點勘性質的著作，其《莊子點勘》十卷，是在劉大櫆、
姚鼐圈識基礎上完成的，在校釋方面取得了較大的成就。〔註5〕至於張裕釗則
有《左氏服賈考證》、《今文尙書考紀》，然皆未刊行，成果尙待考察。

　　至於馬其昶，文學有《屈賦微》〔註6〕、《抱潤軒文集》、《抱潤軒續集》、
《存養詩鈔》、《佩言錄》、《韓昌黎文集校注》；經學有《周易費氏學》、《毛
詩學》、《尙書誼詁》、《禮記讀本》、《大學中庸孝經合誼》；史學有《桐城耆
舊傳》、《左忠毅公年譜》，並參與《清史稿》編纂；諸子更有《老子故》、《莊

〔註4〕徐世昌等編纂《清儒學案》（北京：中華書局，2008年出版）第七冊，頁6843。
〔註5〕方勇並指出，吳汝綸考證《莊子》原文方面的一個顯著特徵，就是比以往任
　　　何校勘者都重視對《淮南子》文字資料的利用。其次，則是《呂氏春秋》與
　　　《列子》的文字資料。而這方面資料的重視態度，也爲其後的馬其昶、王叔
　　　岷先生所承繼。方勇《莊子學史》（北京：人民出版社，2008年出版）第三
　　　冊，頁170、203。
〔註6〕孫維城認爲《屈賦微》是馬其昶研究先秦典籍的重要著作，代表了桐城派屈
　　　賦學的最新研究成果。同時書中大量引用了前人有關屈賦的評論，又有較大
　　　的文獻價值；尤其馬其昶本人對屈賦的評價與桐城派其他人（馬瑞辰、張裕
　　　釗、姚永樸等）的評價，是第一次公開面世。馬瑞辰、張裕釗、姚永樸等人
　　　並沒有專門治騷著作，這些思想都出自平時的交談或書信中，尤其具有文獻
　　　價值。對於研究馬瑞辰等人的學術思想，對於研究屈賦學，研究桐城派的屈
　　　賦學都有較大的意義。孫維城、劉敬林、謝模楷點校《馬其昶著作三種》（安
　　　徽：安徽大學出版社，2009年出版）頁4～5。

子故》、《金剛經次詁》等專攻義理思想的探究，著作等身成果豐碩。所以近代學者吳孟復研究桐城派時，亦坦言姚鼐的治學理念雖好，然實現的難度其實很高，除姚鼐之外，綜觀桐城學派，恐怕只有馬其昶有達成這種治學理想。〔註7〕就此角度來看，馬其昶之所以被稱爲桐城派的殿軍並非偶然。

　　然而馬其昶之所以能有這種成果，或許可有幾個方向去思考，一方面得歸功馬其昶自身的積累與努力。一方面則承於家學、師承相輔相成的學思訓練。且清代的漢宋之爭，也並未一直處於尖銳衝突狀態，而是本有相互消融、兼容的趨勢。等到了清末內憂外患的艱困時期，不僅文網已開，學風逐漸自由，桐城後學更已面臨經世致用的急迫性。對於各種知識的吸收與融通，皆是爲了符應時代需求而有的變化，然而，這也不僅是桐城後學所應思考的問題，其實也是當時文人苦思的時代課題。

　　回頭檢視《莊子故》，不僅引用諸多漢學家的研究，其實也大量引用宋明理學家與桐城學派的治學成果。方勇《莊子學史》即指出，馬其昶是少數莊學研究中引用桐城派學者意見最多的人。其云：

> 桐城人姚永樸、姚永概，也曾師事吳汝綸、張裕釗等巨儒，都對《莊子》有一定的研究，他們的遺說較多地保存在馬氏的《莊子故》中。
> 〔註8〕

並對桐城學派的莊子學稍作介紹：

> 桐城派莊子學起始於晚明，收結於清末民初，持續時間較長，參與人數眾多，所取得的成就甚爲可觀，在莊子學史上佔有相當重要的地位。〔註9〕

又云：

> 馬其昶作爲恪守桐城家學者，在《莊子故》中大量徵引了桐城派學者的治莊成果。如他爲《莊子》中約三分之二的篇目作題解，基本上都是借用前人的解說來完成的，而借用桐城學者解說文字竟佔總數的三

〔註7〕吳孟復認爲，姚鼐以義理、考據、詞章三者合一，然而桐城派作者眞能做到這一點的卻很少，只有馬其昶最擅其勝。吳孟復《桐城文派述論》（安徽：安徽教育出版社，2001年第二版）頁160。

〔註8〕方勇《莊子學史》（北京：人民出版社，2008年出版）第三冊，頁170～171。

〔註9〕方勇《莊子學史》（北京：人民出版社，2008年出版）第三冊，頁171。

分之一以上，這在任何一部莊子學著作中都是不曾過得。〔註10〕方勇《莊子學史》首先指出，桐城學派在莊學研究方面有著一定的成績，而這方面的成果又多爲馬其昶所吸收。馬其昶《莊子故》一方面有著文獻保存的價值，另一方面也因這方面資料的消融，使其能擁有更多不同視角的理解，而能豐富莊學的思想意涵。不過，方勇也注意到馬其昶並非無條件接受桐城派學者的所有意見，以《南華眞經評註》的文字資料爲例，方勇首先發現：

> 歸有光、文孟震《南華眞經評註》的文字資料，多數出自於劉辰翁《南華眞經點校》，當爲書商之所爲，然而吳汝論《莊子點勘》由於並未作細考而多所轉用，則不免流於以訛傳訛，使其著作學術價值有所降低。〔註11〕

並注意到：

> 馬氏在引述署爲歸有光、文孟震《南華眞經評註》本文字資料時，能基本捨棄其中所謂歐陽修、王安石、蘇軾、蘇轍、黃庭堅、秦觀等宋代名公的批語，說明他可能已發現這些批語並非出於此等名公之手，從而避免了許多莊子學著作所犯的以訛傳訛的錯誤。〔註12〕

這說明馬氏雖師承吳汝綸，但對其治學的內容並非無條件接受，而是有所揀擇的吸收。與吳汝綸相類，諸多桐城學者的意見皆被馬氏所參考，歸納其所引用的桐城學者的意見，大致有歸有光、方苞、劉大櫆、姚範、姚鼐、方潛、方東樹、曾國藩、方宗誠、吳汝綸、吳闓生、郭嵩燾、郭慶藩、姚永樸、姚永概、奚侗、嚴復等諸家意見。〔註13〕以上用例約有 255 例，與引用清儒考據學者的 207 例、字書的 39 例資料相比，兩者資料的引用頻率差不多，似能印證馬其昶兼容漢、宋兩學的治學原則。值得注意的是，馬其昶對於考據學者資料的引用，多用於字義的訓釋，而桐城學者的意見，除了如方勇上述所言，多被用來探索題解、文脈之要旨，並關係著篇章辨僞、句讀判讀與力求

〔註10〕 方勇《莊子學史》（北京：人民出版社，2008 年出版）第三冊，頁 206。
〔註11〕 方勇《莊子學史》（北京：人民出版社，2008 年出版）第三冊，頁 205。
〔註12〕 方勇《莊子學史》（北京：人民出版社，2008 年出版）第三冊，頁 205。
〔註13〕 筆者統計，引用歸有光有 42 例，方苞 2 例，劉大櫆 4 例，姚範 9 例，方潛 20 例，方東樹 3 例，曾國藩 8 例，方宗誠 1 例，吳汝綸 67 例，吳闓生 14 例，郭嵩燾 27 例，郭慶藩 7 例，姚永樸 5 例，姚永概 8 例，奚侗 20 例，嚴復 18 例。就引用頻率來看，馬其昶對吳汝綸引用最多，歸有光次之，其後是郭嵩燾。

雅潔的表現形式。以下首先就題解與段落提要這一方面展開討論。

第二節　題　解

　　所謂的題解，即是對題旨作闡明的文字；而段落提要，則指各篇內文中，若干段落末尾所作的文意闡明，兩者都是對內文大意作一簡要勾勒，只是處理文獻的範圍不同，題旨以篇為單位，段落提要則若干段落不等。就《莊子故》來看，首先有內篇、外篇、雜篇的介紹：

1、內篇

黃庭堅曰：內書七篇，法度甚嚴，二十六篇，解剝斯文耳。

2、外篇

焦竑曰：〈內篇〉命題各有深意，〈外〉、〈雜〉則但取篇首字名之，而大義亦存焉。

3、雜篇

王夫之曰：〈雜篇〉多微至之語，學者取其精蘊，誠〈內篇〉之歸趣也。馬其昶先就內、外、雜篇的視角，點出《莊子》內文間的不同特性。莊子思想以內七篇為主，無論思想系統或章節架構皆較為嚴密，較可能為莊子個人的思想內容，其餘 26 篇則皆屬對內七篇的思想闡明；這外、雜 26 篇，體例有別內篇，取篇首字來命名，篇題未若內篇具有深意，然對於莊子思想能有所保存，此中亦有精微之語，皆能作為對內七篇的闡明或延伸發展。

　　馬其昶對於外篇、雜篇各篇並不逐篇題解，觀察，〈馬蹄〉、〈胠篋〉、〈在宥〉、〈天地〉、〈天道〉、〈天運〉、〈繕性〉〈秋水〉、〈至樂〉、〈徐無鬼〉、〈則陽〉、〈外物〉皆無題解說明。筆者推測〈馬蹄〉、〈胠篋〉、〈繕性〉的題解可能與〈駢拇〉、〈刻意〉相同。因為〈駢拇〉題解曾引吳澄云：「莊生書瓌瑋參差，不以觭見之。唯〈駢拇〉、〈胠篋〉、〈馬蹄〉、〈繕性〉、〈刻意〉五篇，自為一體。其果為莊氏之書乎？抑周、秦閒文士所為乎？未可知也。」馬氏可能同意吳澄的看法，而將五篇視為一體，故未逐一解釋。至於他篇，則應如上段所述，馬氏一方面認為外、雜取題未若內篇取題有深意，另一方面，則將外、雜部份篇章的題旨，直接聯繫到內篇題解來作闡明。如：

1、〈達生〉頁 125。

其昶案：此與〈養生主〉同旨。

2、〈山木〉頁133。

　　姚鼐曰：與〈人間世〉同旨。

3、〈田子方〉頁141。

　　姚鼐曰：與〈德充符〉同旨。

4、〈知北遊〉頁148。

　　姚鼐曰：與〈大宗師〉同旨。

　　馬其昶藉由題解，具體的聯繫了內篇與外、雜篇的關係。不過這種聯繫，馬其昶多承自姚鼐《莊子章義》，與方潛的《南華經解》的看法。對內七篇題旨之闡明，以桐城學者與宋明理學家的意見居多。以下，將分析《莊子故》內七篇之題解。

　　1、〈逍遙遊〉頁1。

　　支遁曰：逍遙者，明至人之心也。○郭嵩燾曰：〈天下篇〉，莊子自言其道術「充實不可以已，上與造物者遊」，首篇曰〈逍遙遊〉者，用其無端崖之詞，以自喻也。○方潛曰：狀大體、大用也。無己，故無體；無功、無名，故無用：是為大體、大用也。後六篇接闡此旨。

　　馬其昶首先點明，逍遙是指得道之人的心境體現，不過，莊子是藉由特殊的用詞、譬喻來描寫這種狀態。以無體之體，無用之用來闡明大體、大用之理想，而後六篇皆是銜接此旨，展開思想論述。

　　2、〈齊物論〉頁8。

　　王應麟曰：是非毀譽，一付於物，而我無與焉，則物論齊矣。○歸有光曰：欲齊天下之物，當觀諸未始有物之先。○方潛曰：即體即用，而妙無用之用也。真者，體也。明者，用也。不用而寓諸庸，物論不齊而自齊矣。○其昶案：齊之為言平也。休乎天鈞，則齊矣。

　　面對現實中的紛擾，馬其昶認為只要將一切是非判斷，皆交付於物自身的運作，而不強加人為之造作干預，則物論自然能齊。至於該如何回歸物自身的運作使物齊平呢，馬氏則認為當思索萬物存在的本源於何。馬氏認為這是一種體用聯繫。

　　3、〈養生主〉頁21。

　　楊時曰：〈逍遙遊篇〉，子思所謂「無入不自得」；〈養生主篇〉，孟子所

謂「行其無所事」。○楊慎曰：以此意讀莊子，則所謂圓機之士可與之論九流矣。○方潛曰：即用即體而全，無體之體也；無體肢之體，乃所謂主也。

「無入不自得」應是指《中庸》「無入而不自得」，〔註14〕原意指恪守自己的本位而不踰矩，自然能不怨不尤。「行其無所事」應指《孟子》「行其所無事也」，〔註15〕指現實之人多存習性，其之所以厭惡智者，在於智者干預其生活，倘若智者能如禹一般，撫順其性來治理，自能不受嫌惡。以此種觀點來理解《莊子》，智者自能處世圓通，融入現實。馬其昶最後連結到體用論，不離用不離體而能成全保全，這就是無執之體的狀態，方使物我能走向自然。

4、〈人間世〉頁 25。

陳于廷曰：莊子拯世而非忘世。其為書，求入世非求出世也。○方潛曰：以無用為有用，乃可以逍遙於人間世也。

馬其昶藉由〈人間世〉諸多治世關懷的答辯，強調莊子是治世而非忘世，其為書深具現實關懷，欲理解社會亂象與人生問題，而非消極避世。只是這種解決方式，不同於一般現實認識、價值判斷的建立，而是以「正言若反」的方式，對自身處境作一反省，要求理解自身的侷限，銷解自身的執著作出發。

5、〈德充符〉頁 36。

郭象曰：德充於內，應物於外，外內玄合，信若符命，而遺其形骸也。○方潛曰：以無體為體，則遺形全德，充於內而符於外也。

德充符者，德與形相符，形亦德也，有德者，形似殘而實不殘。德性充於內，自然能接受外在現實的境遇，內外相容，順從命定而忘其形骸。不執於體，自能拋開形體的差異，而回歸原有的德性，這就是內德外符的真諦。

〔註14〕《中庸》：君子素其位而行，不願乎其外。素富貴，行乎富貴；素貧賤，行乎貧賤；素夷狄，行乎夷狄；素患難，行乎患難；君子無入而不自得焉。在上位不陵下，在下位不援上，正己而不求於人則無怨，上不怨天，下不尤人，故君子居易以俟命，小人行險以徼幸。子曰：「射有似乎君子：失諸正鵠，反求諸其身。」朱熹《四書章句集注》（台北：大安出版社，1996 出版）頁 31。

〔註15〕《孟子》：天下之言性也，則故而已矣，故者，以利為本。所惡於智者，為其鑿也。如智者若禹之行水也，則無惡於智矣。禹之行水也，行其所無事也。如智者亦行其所無事，則智亦大矣。天之高也，星辰之遠也，苟求其故，千歲之日至，可坐而致也。朱熹《四書章句集注》（台北：大安出版社，1996 出版）頁 416。

6、〈大宗師〉頁43。

宣穎曰：張子云：「乾稱父，坤稱母，民吾同胞，物吾與也，可以知大宗已。」《老子》云：「人法地，地法天，天法道，道法自然，可以知大師矣。」○方潛曰：全無體之體，則得大宗師矣。大宗師者，道也。

此處馬其昶即以道本體根源來說明大宗師的特性，這種道與宋明儒者所言之道，同根同源皆爲生成萬物的造化意涵，不過莊子之道，並未有道德意志的強調，此點應當辨明。

7、〈應帝王〉頁54。

錢澄之曰：〈逍遙遊〉始，〈應帝王〉終，謂之「應」者，時至而然也。又云：應而不藏，此其所以遊，所以逍遙與？○方潛曰：妙無用之用，則能應帝王矣。應帝王者，德也。

以〈逍遙遊〉始，〈應帝王〉終，馬其昶明顯以內七篇爲莊子思想體系的核心內容。認爲面對不同處境、不同問題，然所秉持的態度與心境其實是一樣的，無論對內對外皆無所逃避。這過程中要求反省、銷解這些執定所造成的框架束縛，回歸自己本有的德性內容，引導出物自身的自然本性。

以上爲《莊子故》對內七篇的題解分析。馬其昶引用諸家見解來呈顯他對莊子思想的詮釋，頗扣緊《莊子》的文意脈絡，但由於與《中庸》、《孟子》、張載等思想作聯繫，卻也使其詮釋，儒道同源的味道相對濃厚。很明顯的，這種理路正是《莊子》〈天下〉所呈述的「聖有所生，王有所成，皆原於一。」的本體論層次，只是後人「不幸不見天地之純，古人之大體，道術將爲天下裂」，〔註16〕因彼此見識的不同，才有儒、道的分別。所以馬其昶於〈天下〉作題解時，引馬驌語：「此自序也。諸篇多寓言，而此獨爲莊語。」顯示了儒道同源理路的一貫性。與此相類，〈寓言〉的題解引王夫之語：「發明其『終日言而未嘗言』之旨，使人不泥其迹，此與〈天下篇〉乃全書之序例，詳說乃反約也。」〔註17〕這些思考，使其能靈活地跳脫史學、文獻立場限制，視後出之〈寓言〉篇爲《莊子》全書的凡例說明。儘管〈寓言〉產生年代較晚，但其內容顯然是對《莊子》的表達方式作一交待，而具凡例之功能。王叔岷

〔註16〕馬其昶《莊子故》頁209。
〔註17〕馬其昶《莊子故》頁198。

先生也對此認同，認爲〈寓言〉篇可當《莊子》凡例之用。〔註18〕又如在〈列禦寇〉的題解，馬氏認爲〈列禦寇〉當承〈寓言〉而來：

> 蘇軾曰：〈寓言〉之終曰：楊子居西遊於秦遇老子云云，若去其〈讓王〉四篇，以合於〈列禦寇〉篇首，固是一章也。莊子之言未終，昧者勦之以入其言。焦竑曰：〈列子〉弟二篇首載禦寇饋漿事，而即綴以楊朱爭席，正與軾之言合。〔註19〕

以〈寓言〉末段的陽子居遇老聃故事，與〈列禦寇〉篇首列禦寇遇伯昏瞀人的故事是相類的，從而認爲兩篇旨意相同，應本屬同篇。筆者思考，純以思想線索作爲判斷，論據並不充分，不過儘管如此，支持此意見的人並不少。而王叔岷先生更對此補充論據，認爲陳碧虛《南華眞經音義》、羅勉道《南華眞經循本》即是兩章相連。王氏並指出，僞《列子》〈黃帝篇〉正以兩章相連，故唐盧重玄注云：「『子列子之齊』章，言列子之使人保汝；『楊朱南之沛』章，言楊朱使人無保汝也」結合兩章作一類比解釋。〔註20〕可見馬其昶的判斷，有其準確之處。馬其昶也繼承前人之懷疑，對《莊子》作一辨僞：

1、〈讓王〉頁221。

原第二十八。蘇軾曰：〈盜跖〉、〈漁父〉、〈讓王〉、〈說劍〉，皆淺陋不入於道。其昶案：此篇襍見〈列子〉、〈呂覽〉、〈淮南〉、及〈韓詩外傳〉、〈新序〉各書。

2、〈盜跖〉頁228。

原第二十九。王安石曰：《莊子》重言十九，以爲耆艾，人而無人道者，不以先人。若〈盜跖〉，可謂無人道者，而以之爲重言，其不然，明矣。故此篇之贋不攻自破。

3、〈說劍〉頁235。

原第三十。馬驌曰：語近《國策》，非莊生本書。

4、〈漁父〉頁237。

原第三十一。朱熹曰：蘇子由《古史》中，論此數篇決非莊子書，乃後

〔註18〕不過王叔岷先生對於《莊子》其實已有自己一套篇章重組的理念。而與傳統的內篇、外篇、雜篇三分迥然有別。王叔岷先生《莊子管窺》（北京：中華書局，2007年出版）頁25～26。

〔註19〕馬其昶《莊子故》頁202。

〔註20〕王叔岷先生《莊子管窺》（北京：中華書局，2007年出版）頁18～19。

人截斷本文攙入此。其考據甚精密。

《莊子》之辨僞問題的提出，應以蘇軾《莊子祠堂記》對這四篇展開懷疑爲最早，其後才逐漸展開對《莊子》辨僞問題的探究。但早期主以文意脈絡、表現形式、思想線索作判斷，論據不免見仁見智。至姚鼐《莊子章義》的辨僞探討時，仍屬此類。〔註 21〕不過吳汝綸已開始用《淮南子》校勘比對的方式，來進行辨僞，使論據方面有朝文獻之徵驗去強化，而這種思考，也爲王叔岷先生所承繼。〔註 22〕

對於辨僞，馬其昶未作太多論證，其一仍蘇軾的意見，將〈盜跖〉、〈漁父〉、〈讓王〉、〈說劍〉分出《莊子》一書的體系範圍，不過馬氏並未把此四篇刪去，而是置於篇末略加簡注以備參考。這不僅可看出他直承桐城派以文解莊的風格，其實也可看出儒道同源的思想底蘊。這四篇不僅文章風格與《莊子》各篇迥異，最重要的問題即在於其思想內容遠較各篇激切，不是過於強調消極避世，就是強烈詆毀儒家的用世思想。這與蘇軾、姚鼐、宣穎以降儒道會通的詮釋脈絡，產生了嚴重衝突，所以皆對此四篇提出辨僞論證，意圖排出這些篇章，以呈顯其《莊子》思想一貫的詮釋理路。

第三節　篇內段落提要

透過《莊子故》題解的分析，以相對宏觀的方式，檢視出馬其昶對於《莊子》篇章的架構聯繫，以及儒道同源的詮釋理路。這裡則將切入較細部的考察，以篇中的段落提要作爲討論的中心，進一步呈顯馬其昶以文解莊的注釋安排。《莊子故》幾乎各篇皆有段落提要的存在，不過各篇提要的繁約不一，如〈齊物論〉較疏，多個段落偶見一提要，而外篇、雜篇則較密，有近乎逐

〔註 21〕姚鼐懷疑〈齊物論〉部份文字爲〈寓言篇〉文字的錯入，然而又認爲〈寓言篇〉文字當與〈外物篇〉篇末「荃者所以在魚」一節文字相銜接，以此爲分篇者「殊爲不審」而分成了兩節。諸如此類的意見，頗見人見智，論據效力有限而值得商榷。姚鼐《莊子章義》頁。轉引方勇頁 183。

〔註 22〕吳汝綸將《莊子》與《淮南子》、《呂氏春秋》、《列子》作文獻上的聯繫。一方面認爲此三書在不同程度上，保留了《莊子》的部份原文；另一方面，吳氏又認爲《莊子》中有些文字乃是割取《淮南子》等書而來。如以〈讓王〉應是割取《淮南子》〈精神篇〉、《呂覽》〈貴生篇〉、〈審爲篇〉、〈觀世篇〉、〈慎入篇〉、〈離俗篇〉等篇章文字，略加修飾而成，所以顯得淺陋庸劣、枝葉甚粗。方勇《莊子學史》（北京：人民出版社，2008 年出版）第三冊，頁 203～204。

段的說明。〔註23〕此處將以〈逍遙遊〉爲例，深入探析，以見其梗概：

《齊諧》者，志怪者也。諧之言曰：「鵬之徙於南冥也，水擊三千里，
摶扶搖而上者九萬里。去以六月息者也。」〔註24〕

方潛曰：述《諧》未竟，「野馬」以下，推論其義。

野馬也，塵埃也，生物之以息相吹也。天之蒼蒼，其正色邪？其遠
而無所至極邪？其視下也，亦若是則已矣。

歸有光曰：「野馬六句，言積氣之厚。」

且夫水之積也不厚，則其負大舟也無力。覆杯水於坳堂之上，則芥
爲之舟；置杯焉則膠，水淺而舟大也。風之積也不厚，則其負大翼
也無力。故九萬里而風斯在下矣，而後乃之培風，背負青天而莫之
夭閼者。而後乃今將圖南。

其昶案：此言乘風以遊天地閒者，必待厚積乃可遠舉。

蜩與學鳩笑之曰：「我決起而飛，槍榆枋，時則不至而控於地而已
矣，奚以之九萬里而南爲？」

方潛曰：蜩鳩四句，再述《諧》言，而下復論之。

適莽蒼者，三湌而反，腹猶果然；適百里者，宿春糧；適千里者，
三月聚糧。之二蟲又何知？小知不及大知，小年不及大年。奚以知
其然也？朝菌不知晦朔，蟪蛄不知春秋，此小年也。楚之南有冥靈
者，以五百歲爲春，五百歲爲秋；上古有大椿者，以八千歲爲春，
以八千歲爲秋。而彭祖乃今以久特聞，眾人匹之，不亦悲乎！

姚永概曰：眾人之言壽者，皆以彭祖爲比方，適可悲耳。

湯之問棘也是已，窮髮之北，有冥海者，天池也。有魚焉，其廣數
千里，未有知其修者，其名爲鯤。有鳥焉，其名爲鵬，背若太山，
翼若垂天之雲，摶扶搖羊角而上者九萬里。絕雲氣，負青天，然後
圖南，且適南冥也。斥鴳笑之曰：「彼且奚適也？我騰躍而上，不過
數仞而下，翱翔蓬蒿之間，此亦飛之至也。而彼且奚適也？」此小

〔註23〕如〈天地〉、〈至樂〉、〈達生〉、〈知北遊〉、〈徐無鬼〉、〈則陽〉、〈外物〉、〈寓
言〉、〈列禦寇〉等篇，逐段提要頗密。

〔註24〕此處《莊子》原文以標楷體粗體字表示，《莊子故》注文以新細明體表示，以
作區隔。

大之辯也。

其昶案：湯問棘，詳《列子・湯問篇》。凡冥靈、大椿及鯤、鵬云云，乃是總括其說，略同於《諧》而再見者。以湯、棘皆古賢聖，言足取信，〈寓言篇〉所謂「重言」者，此其例也。述《諧》，意在積厚；述湯問，意在小大之辯。

故夫知效一官，行比一鄉，德合一君，而徵一國者，其自視也亦若此矣。而宋榮子猶然笑之。且舉世而譽之而不加勸，舉世而非之而不加沮，定乎內外之分，辯乎榮辱之境，斯已矣。彼其於世，未數數然也。雖然，猶有未樹也。夫列子御風而行，泠然善也，旬有五日而後反；彼於致福者，未數數然也。此雖免乎行，猶有所待者也。若夫乘天地之正，而御六氣之辯，以遊無窮者，彼且惡乎待哉！故曰：至人无己，神人无功，聖人无名。

其昶案：以上論學者必具超世之識，邁俗之行，乃能浩然直養，而塞乎天地。

堯讓天下於許由，曰：「日月出矣，而爝火不息，其於光也，不亦難乎！時雨降矣，而猶浸灌，其於澤也，不亦勞乎！夫子立而天下治，而我猶尸之，吾自視缺然，請致天下。」許由曰：「子治天下，天下既已治也，而我猶代子，吾將為名乎？名者，實之賓也，吾將為賓乎？鷦鷯巢於深林，不過一枝；偃鼠飲河，不過滿腹。歸休乎君！予無所用天下為。庖人雖不治庖，尸祝不越樽俎而代之矣。」

劉大櫆曰：證「聖人無名。」

肩吾問於連叔曰：「吾聞言於接輿，大而無當，往而不返。吾驚怖其言，猶河漢而无極也；大有逕庭，不近人情焉。」

連叔曰：「其言謂何哉？」

曰：「藐姑射之山，有神人居焉。肌膚若冰雪，淖約若處子；不食五穀，吸風飲露；乘雲氣，御飛龍，而遊乎四海之外。其神凝，使物不疵癘而年穀熟。吾以是狂而不信也。」

連叔曰：「然，瞽者无以與乎文章之觀，聾者无以與乎鐘鼓之聲。豈唯形骸有聾盲哉！夫知亦有之。是其言也，猶時汝也。之人也，之

德也，將旁礴萬物以爲一。世蘄乎亂，孰弊弊焉以天下爲事？之人也，物莫之傷，大浸稽天而不溺，大旱金石流土山焦而不熱。是其塵垢秕糠，將猶陶鑄堯舜者也，孰肯以物爲事！」宋人資章甫而適諸越，越人斷髮文身，無所用之。堯治天下之民，平海內之政，往見四子藐姑射之山，汾水之陽，窅然喪其天下焉。

劉大櫆曰：證「神人無功。」

惠子謂莊子曰：「魏王貽我以大瓠之種，我樹之成而實五石。以盛水漿，其堅不能自舉也。剖之以爲瓢，則瓠落無所容。非不呺然大也。吾爲其無用而掊之。」

莊子曰：「夫子固拙於用大矣，宋人有善爲不龜手之藥者，世世以洴澼絖爲事。客聞之，請買其方百金。聚族而謀曰：『我世世爲洴澼絖，不過數金；今一朝而鬻技百金，請與之。』客得之，以說吳王。越有難，吳王使之將，冬與越人水戰，大敗越人，裂地而封之。能不龜手，一也；或以封，或不免於洴澼絖，則所用之異也。今子有五石之瓠，何不慮以爲大樽而浮乎江湖，而憂其瓠落無所容？則夫子猶有蓬之心也夫！」

劉大櫆曰：證「至人無己。」此言用大，下言以無用爲用。

惠子謂莊子曰：「吾有大樹，人謂之樗，其大本擁腫而不中繩墨，其小枝卷曲而不中規矩。立之塗，匠者不顧。今子之言，大而無用，眾所同去也。」

莊子曰：「子獨不見狸狌乎？卑身而伏，以候敖者，東西跳梁，不辟高下，中於機辟，死於罔罟。今夫斄牛，其大若垂天之雲，此能爲大矣，而不能執鼠。今子有大樹，患其无用，何不樹之於无何有之鄉、廣莫之野，彷徨乎无爲其側，逍遙乎寢臥其下。不夭斤斧，物无害者，无所可用，安所困苦哉！」

屈大均曰：莊生之學，貴乎自得。鯤鵬之化，皆以喻心。無何有之鄉、廣莫之野，心之寓焉者也。彷徨逍遙，適其適之至也。化其心爲鯤鵬，化其身爲大樗，夫既已無己矣，又何功與名乎哉？○其昶案：以上言甄陶宇，又必具堯舜不與之襟抱，乃能用世而不爲世用。方潛曰：「大瓠、大樹，寫大用也。」

　　以上，可以看出馬其昶試圖把握〈逍遙遊〉之行文脈落，作逐段提要說明。馬氏首先點出《齊諧》主要描述鵬飛千里的高遠狀態，而與學鳩的低飛作對比，接著由物與物之間的對比，轉換到物與人之間的對比，形成小大之辨，並對湯問棘這種重言的譬喻方式稍作說明。然後藉由一般官員、宋榮子、列子等人物的侷限性，逐步向上反省，從而提出對「超世之識，邁俗之行，乃能浩然直養，而塞乎天地。」至人、神人、聖人境地的追求。並用三個故事，以堯讓位許由、肩吾問道於連叔、惠子與莊子之辯，分別證成前段所述的「聖人無名」、「神人無功」、「至人無己」的逍遙理境。最後把這種理境強調爲精神之境地，當求去除個人功利、計較、執著，而回歸與道相適與物無對之自然。

　　這種逐段提要的說明，主要依文意、語境來作判斷，有助於澄清論述的所指對象、內容大意，以及與上下段落的銜接關係。引文多參桐城派文人的意見，主要以文氣文脈之思考對《莊子》的篇章架構作一釐清與把握，這種論法有別於考據之訓釋，而是注意文氣文脈之變化，對文體、文意進行考察。雖然非訓詁式的探究，但也能發揮增進讀者理解效果。逐段解析，能使零散之字義得以凝聚，使思想內容能彼此連結，有組織脈絡地來作理解。

　　與此相類的著作，較著名的有宣穎《南華經解》與林雲銘的《莊子因》。馬其昶「以文解莊」這方面的詮釋與宣穎頗相近，對其引用的內容也不少，〔註25〕對於林雲銘，《莊子故》則未嘗提及與引用。值得注意的是，宣穎與林雲銘皆以文學藝術的鑑賞觀點，對《莊子》進行賞析，不過對於這種藝術式的鑑賞，在馬其昶《莊子故》中未見。可能由於這種文章鑑賞，主觀性很強，易流於見人見智，故不予收入；然也有一種可能，即在於《莊子故》恪守雅潔表達的基本原則，對於這類賞析，或感到有蛇足之嫌，而不予采錄。

　　無論是以文獻學基礎、考據學立場，或是此處的以文解莊的探析方式，馬其昶皆是力求闡明《莊子》的思想內容爲核心宗旨。雖然以文學視角去解析莊子篇章架構，但追根究底，馬氏並未將《莊子》視爲單純的文學作品僅供欣賞而已，而是將其定位爲經世致用的傳世經典。其希冀的不是對藝術的品味，而是對生命眞諦的領會。

〔註25〕筆者統計，馬其昶《莊子故》引用宣穎的意見，達 96 次之多。

第四節　雅潔的表達形式

　　自方苞的「義法」之說，即主張「雅潔」、「清澄無滓」的語言表達，要求寫出通順清淡、素樸乾淨、明理達意的文章以來，〔註26〕這一理念即成為桐城文派的治學宗旨之一，被視為寫作時的基本原則，而為桐城學者們所遵守。吳汝綸在與嚴復論翻譯時，也重申桐城派所倡導的「雅潔」，〔註27〕不過吳氏認為「說道說經，不易成佳文。道貴正，而文者必以奇勝，經則義疏之流暢，訓詁之繁瑣，考證之該博，皆於文體有妨，尤憤於此。」〔註28〕學問應區分為論道說經與文學創作兩種，前者應簡要暢達，後者則以奇取勝。

　　對此，馬其昶承繼了桐城「雅潔」之文風，但並依循其師吳汝綸的文道二分。馬氏不僅在文學、史學敘事方面展現其精鍊簡達的表達功力，〔註29〕在注經、子典籍時，也依舊體現這種雅潔的表現。馬其昶似乎並未如曾國藩、吳汝綸強調文道二分，文學自主的立場，但就其著作的表現方式來看，無論治文治經治思想其表現手法皆以「雅潔」為原則，應是蘊含著文道合一的治學傾向，這也意謂其回歸桐城派早期消融文道區別的著作立場。《莊子故》，即體現了這種表達形式，而有以下幾點特色：

　　一、原文並不逐句一一注疏，只於難解或有爭議處作注。較明顯的，如〈胠篋〉、〈刻意〉、〈繕性〉等篇，與他篇相比，文意內容較為淺顯，故注解密度較疏。

　　二、對所引資料溯源，直引最初之來源，而不註明轉引出處。如陸德明《經典釋文》、褚伯秀《南華真經纂微》、焦竑《莊子翼》等書，馬其昶不少對古注的引用多出自這些文獻，但皆未註明，而只直接標示原出處。

　　三、如無必要，不置入太多考辨分析，而是直下結論。馬其昶未若呂惠卿《莊子義》、王夫之《莊子解》、宣穎《南華經解》等書，對原文有較多哲理考辨，而是多直下判斷，對原文提出解釋。

　　四、每有異解，多備例證，然例證數僅舉一、二例即止，不煩多引。如〈逍遙遊〉「而宋榮子猶然笑之。」其昶案：猶，與「逌」同，《漢書》「逌爾

〔註26〕王獻永《桐城文派》（北京：中華書局，1992 出版）頁 22。

〔註27〕吳汝綸〈答嚴幾道〉《桐城吳先生尺牘》（台北：文海出版社，1969 年出版）頁 1804～1809。

〔註28〕吳汝綸〈答姚仲實〉《桐城吳先生尺牘》（台北：文海出版社，1969 年出版）頁 1400。

〔註29〕如《抱潤軒文集》、《桐城耆舊傳》皆能體現馬其昶力求雅潔的敘事特色。

而笑」；〔註30〕又如〈逍遙遊〉「何不慮以爲大樽」其昶案：「慮」同「鑢。」《詩箋》：「尙可磨鑢而平。」〔註31〕雖有例證作補充，但數量皆不多。

五、縮減引語，精鍊案語文字的敘述。如〈養生主〉「緣督以爲經」馬其昶引王夫之曰：「身後之中脈曰督，居靜而不倚於左右，有位而無形質者。緣督者，循虛而行，以適得其中。」實際原文則爲「身後之中脈曰督，督者居靜，而不倚於左右，有脈之位而無形質者也。緣督者，以清微纖妙之氣循虛而行，止於所不可行，而行自順以適得其中。不居善之名，即可以遠惡之刑。」〔註32〕馬氏引文爲求精鍊而大量刪減原文。

由於不做逐句注釋，愼用注釋時例證，論理描述簡要，使《莊子故》汰去相當多的文獻字句，若與王叔岷先生的《莊子校詮》相比，無論是論證方面，或論證效果皆不免過於精要。不過，《莊子故》也因此免去冗長的資料堆砌，使內文保持一定的流暢性，並讓文氣文脈內容能更地彼此聯繫。對於注解的體現方式，錢穆在撰寫《莊子纂箋》時，曾表達一些相同看法，其云：

> 孫詒讓其所著《墨子閒詁》，於清儒中，治先秦諸子書，最見功力；晚近學人，群相推崇。然辭繁不殺，一字之考訂訓詁，備列本末，學者固可由此而窺清學之曲折。本書則義取簡要，務求勿因箋注而昧失正文之脈絡神味。學者先讀孫氏閒詁，再誦本書，可悟著作體例，各有偏徇；分則兩美，合必兼失之矣。〔註33〕

錢穆指出考訂繁瑣，雖見功力，但可能造成行文閱讀的困擾，而不免有弊，從而主張簡要的表達形式，最爲注解古書的另一體例。對此，王叔岷先生則云：

> 錢穆行文，最重桐城義法。雖注釋古書，亦力主簡要，以求通體朗暢，豁人心境，而免得於此者失於彼、明於前而昧於後之蔽。〔註34〕

王叔岷先生能理解錢穆會以注釋過詳，則隔斷文義爲弊，於正文下引諸家之說，大多只引結論之思考。但王叔岷先生也認爲，只引結論於讀《莊》書固朗暢無礙，而讀者不知諸說所以得此結論之詳細內容，無從因研《莊》書而

〔註30〕馬其昶《莊子故》頁4。
〔註31〕馬其昶《莊子故》頁7。
〔註32〕王夫之《莊子通》（北京：中華書局，2009年出版）頁104。
〔註33〕錢穆《莊子纂箋》（台北：東大出版社，1993年四版）頁5。
〔註34〕王叔岷先生《莊子校詮》頁4。

旁通他書。此雖無難於博學廣覽之士，而頗不便於初學。〔註35〕王叔岷先生從論據過於簡要點出《莊子故》與《莊子纂箋》的缺憾。論據辨析較少，讓初學者「知其然」後，難以「知其所以然」。不僅如此，筆者認為，有時注釋過於精簡可能也是導致疑義未能盡釋的原因，使說服力度為之降低，這些都是「雅潔」表達方式所衍生的問題。

此外，王叔岷先生還注意到當代經典注釋所存在的一些現象。王叔岷先生認為古人注疏，輾轉抄襲，本屬常事。但至郭慶藩《莊子集釋》時，其案語仍不免將王念孫父子之見解、茆泮林對司馬彪注的考逸，據為己說。〔註36〕然與王念孫父子同時的馬其昶，並不因循慣例，而闇襲他人見解，而是逐一還原見解最初之闡述者，並逐一具名來引用。使《莊子故》案語與引用，有本可尋，而不埋沒前人之貢獻。然而，倘若馬氏轉引文獻，多直接稱引原作，而省略轉引的文獻出處，在某種程度上雖能精鍊字句，卻也使讀者，有需複查相關資料。此雖有便於初讀理解誦讀，但也確如王叔岷先生所言，不便作進一步探索與研究。

小　結

以上，是本章對於馬其昶《莊子故》表達形式之考察。這裡再作一簡要回顧。以文解莊的形式架構，如圖1所示：

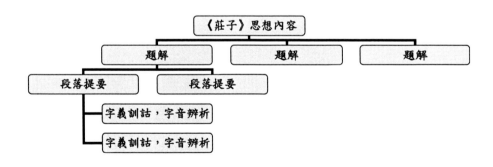

圖1（本書作者製）

〔註35〕王叔岷先生《莊子校詮》頁4。
〔註36〕王叔岷先生於《莊子校詮》〈序〉裡，有對此事稍作闡述。王叔岷先生《莊子校詮》頁4～10。

　　由內、外、雜篇題解初步概括全書三種性質，在對各篇標題做出題解分析，並對各篇段落作提要說明，而這些文脈又與字義字音訓釋作配合，一同對《莊子》思想內容進行解釋。此外題解內容的探析，則能顯現《莊子》篇章之架構，圖 2 所示：

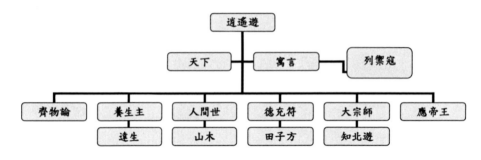

圖 2（本書作者製）

　　〈逍遙遊〉為總旨，後六篇皆闡此旨。諸篇多寓言，而〈天下篇〉獨為莊語。〈寓言〉為全書之序例，末段篇旨文意則與〈列禦寇〉相合。〈達生〉與〈養生主〉同旨、〈山木〉與〈人間世〉同旨、〈田子方〉與〈德充符〉、〈知北遊〉與〈大宗師〉同旨，外、雜篇當與內篇有歸屬地相互參酌聯繫。此外，《莊子故》亦作辨偽之整理。如圖 3 所示：

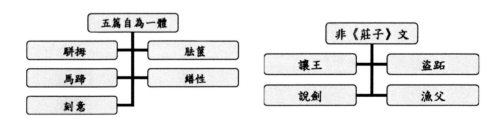

圖 3（本書作者製）

　　〈駢拇〉、〈胠篋〉、〈馬蹄〉、〈繕性〉、〈刻意〉不知是否為莊生之書，還是周、秦文士所為，然五篇自為一體，亦有特色。〈盜跖〉、〈漁父〉、〈讓王〉、〈說劍〉，皆淺陋不入於道，就文體、思想內容與文獻比勘考察，應非《莊子》本文。

　　馬其昶「以文解莊」的注解，不僅使整理了篇章架構，也透過這種體系之整理，體現「字義」到「段落」、「段落」與「段落」、「段落」到「篇旨」、

「篇旨」與「篇旨」間「部份與整體」的詮釋學循環。這種文本內部能彼此聯繫，形成一文氣文脈一致的思想結構，亦成功的鉤勒出莊子思想內容的層次與規模，使讀者較能清楚地把握《莊子》內文的主從關係。

不過，「雅潔」的注釋風格，雖然有助於行文脈落的把握，但也由於注釋過簡，使得一些考辨、論據過於簡略，這是《莊子故》在表達形式中所存在的缺憾，閱讀時而應與他書參閱比對，補足其資訊不足之處。

然而這種力求「雅潔」的注釋方式，才使馬其昶雖博採 193 家的注解意見，卻不因此資料龐雜或自相矛盾。這種字句間的斟酌蘊含著不同見解間的揀擇與磨合，所以無論是引文還是個人案語，其實都可以說是馬其昶個人思想的一種表達。不過這種表達，因為過於精鍊簡要，使人要考察馬其昶個人思想內容、哲學特性時，增加不少困難。所以考察《莊子故》思想特色，有需擷取、歸納各處的注解，將其以某視角加以統合後，進行分析與比對。且不停留於內文分析，亦得與其他《莊子》注本相比對，才能逐漸提煉、側寫出馬其昶個人思想內容。注釋學研究本不容易，面對此種近似於辭典般素樸的注解內容，更是研究馬其昶思想時的一大難題。儘管如此，本文仍試圖加以勾勒其思想內容，使其底蘊能有所呈現。下一章「儒道同源」，即以哲學領域的視角，對《莊子故》的思想內容進行分析與探究。

第五章　義理闡《莊》

　　對於馬其昶莊子思想的闡發與建構，本章將作一說明，筆者提出道論、
聖人觀、心性論、虛化工夫等幾種觀點來作探討，藉由本體根源、理想人物、
成德條件與實踐方式，觀察馬其昶之莊子思想。

第一節　道　論

一、何謂「道」

　　「道」為萬物總根源總規律，為天地間變動不拘的造化法則，賦予事物
德性，生之養之成之。道貫通形上形下，形上強調其本體根源，形下則強調
神妙不測，所以道能以宇宙論論，亦可以存有論功夫論去論。如：

> 莊子曰：「道與之貌，天與之形，惡得不謂之人？」〈德充符〉頁42
> ～43。

注云：

> 錢澄之曰：一陰一陽之謂道，天與道所以為氣者之號名也。

以一陰一陽來解釋「道」，創生萬物構成事物存在的基本條件。《莊子》本有
「陰陽」一詞的使用，有作「陰陽之氣」〈大宗師〉，也有作「陰陽於人，不
翅於父母。」〈大宗師〉，是作為天地造化法則的存在，〔註1〕與《易傳》「一

〔註1〕但《莊子》並非皆以存有論意義來看待「陰陽」，如「陰陽之患」〈人間世〉，
　　　　郭注：「人患雖去，然喜懼戰於胷中，固已結冰炭於五藏矣」即是描述一種內
　　　　在情緒的不安，而非對萬物生化現象的描述。王叔岷先生更進一步指出〈庚

陰一陽之謂道，繼之者善也，成之者性也」的創生意涵相類。若進一步細究
《莊子故》，可發現馬氏有以「生生不已」的意涵，對道進行描述，而與《易
經》天道「天行健，君子以自強不息」的意涵相同。如：

> 天地者，萬物之父母也。合則成體，散則成始。〈達生〉頁126。

注云：

> 郭嵩燾曰：散則反歸其本，而機又於是息焉。《易》曰：「終則有始，
> 天行也。」

馬其昶視「道」為本體根源，事物的總根源總規律，天地之造化法則。儒家
與道家之「道」，就創生意涵來說，並無歧異。說儒道「同源」，是沒問題的。
馬氏並多次聯繫《周易》來對《莊子》進行解釋。〔註2〕

《莊子·大宗師》有著對道的刻劃摹寫：

> 夫道，有情有信，無為無形：可傳而不可受，可得而不可見；自本
> 自根，未有天地，自古以固存：神鬼神帝，生天生地；在太極之先
> 而不為高，在六極之下而不為深：先天地生而不為久，長於上古而
> 不為老。〈大宗師〉頁47。

注云：

> 奚侗曰：情，借作「精」。《老子》「窈兮冥兮，其中有精：其精甚
> 真，其中有信」。○王應麟曰：屈子言「道可受兮不可傳」，莊子所
> 謂傳，傳以心也。屈子所謂受，受以心也，耳受而口傳之，離道遠
> 矣。

由於〈大宗師〉這段「描寫，馬其昶認為莊子思想體系有承於老子，皆肯認
道之存在，不過，儘管有道的存在，但人未必能完全把握道之本體根源。這
並非意謂「道」是作為抽象思考的絕對預設，而是相信道確實存在，亦能感
知此造化法則，如何感知呢？其於〈大宗師〉題解處，注云：

> 宣穎曰：張子云：「乾稱父，坤稱母，民吾同胞，物吾與也，可以知
> 大宗已。」《老子》云：「人法地，地法天，天法道，道法自然，可

桑楚〉「寇莫大於陰陽，無所逃於天地之間。非陰陽賊之，心則使然也。」亦
同此意。郭慶藩《莊子集釋》（台北：天工書局，1989年出版）頁154。王叔
岷先生《莊子校詮》頁137。
〔註2〕馬其昶以《周易》來解莊子，共有8例。如〈齊物論〉「若一志，無聽之以耳
而聽之以心：無聽之以心而聽之以氣。聽止於耳，心止於符。」其昶案：「即
《易》『朋從爾思』之怡。」

以知大師矣。」○方潛曰：全無體之體，則得大宗師矣。大宗師者，

道也。〔註3〕

體道，必先法道，如何法？即人法地，地法天，天法道，道法自然，逐步探求根源，逐步解開限制，從而與道相適。馬其昶並聯繫張載「道爲萬化之本」之思想，〔註4〕以乾坤爲萬物之父母，能夠民胞物與涵養眾物。儒道同源，所不同者在於體道之進路，馬氏強調唯有「全無體之體」，無爲的反省，虛化自我，才能對道有所體認。

二、道與精神

眞宰即眞實之主宰，馬其昶認爲道與眞宰能彼此相通，其云：

若有眞宰，而特不得其眹。可行已信，而不見其形……〈齊物論〉頁10。

注云：

其昶案：已同「以」，眞宰非虛，可行之以信。〈大宗師篇〉：「夫道有情有信。」

馬氏認爲，道主宰萬物，猶如眞宰主宰軀體形骸，然兩者皆非虛無，而是眞實蘊含於事物之中。而眞宰不僅能主宰身心，也是與道之本體相感通，體現道本體根源存在的重要條件。談到道與精神的關係，馬其昶於〈田子方〉有較多的論述：

夫哀莫大於心死，而人死亦次之。日出東方而入於西極，萬物莫不比方，有目有趾者，待是而後成功。是出則存，是入則亡。萬物亦然，有待也而死，有待也而生。〈田子方〉頁142～143。

注云：

郭象曰：直以不見爲亡耳，竟不亡。○姚鼐曰：萬物亦各自有其日也。○其昶案：日有出入，而實無存亡，喻人之眞君亦不以生死爲存亡也。其昶又案：比，順也；方，道也。謂萬物之生化，皆順太陽之軌道也。其昶又案：《淮南子》云：「蹍行、喙息、蠉飛、蝡動，待而後生，莫知之德；待而後死，莫之能怨。」

這裡強調精神的重要，精神的頹敗消亡，遠比形軀的死亡更來的悲哀。事物

〔註3〕馬其昶《莊子故》頁43。
〔註4〕馬其昶《莊子故》頁47。

的生成衰敗本爲自然，人之精神與太陽一樣，有日出日落，不過無存亡之變。
萬物的生化皆順太陽生成而行，喻吾人之生命，亦當隨精神之本性，自然地
運轉。又於此段末尾注云：

> 其昶案：步趨，言道莫非化機之所著，不可執相以求之也。其昶又
> 案：服，猶習也。其昶又案：以上道體察著上下，不可自忽於日用。
>
> 〔註5〕

強調道之存在，而此存在正是蘊含於日常事物之中，有待人們於自身生命處
境裡虛心體察。不過，對於體道也不應執著與強求，一切本應隨順自然。

> 壺子曰：「吾與汝既其文，未既其實，而固得道與？眾雌而無雄，而
> 又奚卵焉？而以道與世亢，必信，夫故使人得而相汝。嘗試與來，
> 以予示之。」〈應帝王〉頁57。

注云：

> 李頤曰：既，盡也。○方潛曰：無雄，則無種；無心，則無兆。其
> 昶案：此《老子》「守雌」之說也。列子始以道爲至是亢也，是欲爲
> 雄於世也。其昶又案：狹其道以與世亢，而必求其伸，人則有以窺
> 其微矣。有我相故也。

馬其昶指出，體道關懷是作爲生命處境的實存感受，是隨著生命處境的去執
反省，自然地調適上遂，這體悟本身並非含有特定目的，列子有此機心，反
而難以求道。以意爲之，則爲人所窺，倘若虛心無求，自然之爲，反能消泯
我相，與天道相合而不忤。

馬氏在〈天地〉也有一些對道體的描述：

> 泰初有無無，有無名。〔註6〕一之所起，有一而未形。物得以生，
> 謂之德。未形者有分，且然無閒，謂之命。留動而生物，物成生理，
> 謂之形。形體保神，各有儀則，謂之性。性脩反德，德至同於初。
> 同乃虛，虛乃大。合喙鳴；喙鳴合，與天地爲合。其合緡緡，若愚

〔註5〕《莊子故》頁143。

〔註6〕宣穎、姚鼐、王先謙、吳汝綸、馬其昶皆讀「有無無」、「有無名」爲句。郭
慶藩、王叔岷先生則讀爲「泰初有無，無有無名」，王氏認爲據下文「一之所
起，有一而未形。」未形，即承無而言，不能承「無無」由無乃能上推至「無
無」，仍從舊讀斷句。筆者此處闕疑存備，先以馬氏標點，據以解之，本文文
例使用皆從此。

若昏，是謂玄德，同乎大順。〈天地〉頁 84。

注云：

> 姚鼐曰：言其始非特有不可言，並無亦不可言。○朱子曰：各有儀
> 則之謂性，比之諸家差善。○其昶案：且然，猶始焉。〈庚桑楚〉《釋
> 文》：「且，始也。」朱駿聲曰：留，借爲「流」。其昶又案：孟子聞
> 告子「生之謂性」，則有取《莊子》「儀則謂之性」可知。其昶又案：
> 喙鳴，謂聲息也。猶《史記》之「喙息」。合喙鳴，萬物一體也。其
> 昶又案：《莊子》論性命之原，證之〈繫辭〉及周子〈圖說〉皆合。
> 故程子曰：「莊周形容道體之言，亦有善者。」朱子亦謂：「莊子見
> 道體。蓋自孟子後，荀卿諸人不能及也。」以上申道統於天。

馬其昶方面追溯道體的生成源頭，一方面又進一步描述這種生成下，人性生
理的構成。人有形、有性、有德，形爲軀體構造、基本嗜欲，心理認知、價
值判斷，德則爲本有、質樸的天性，莊子強調應修性以返德，這種天生的德
性的返回，能使人與物感通，與道相適，體察事物中的本性與潛能，從而使
物我皆能自然。這裡馬氏不僅聯繫到《周易》、周濂溪，亦引用程子、朱子之
言來理解《莊子》，儒道同源之闡釋風格極其顯著。

　　馬其昶此處聯繫儒家思想，取用天道創生之義來解莊子，雖能使莊子道
本體根源的意涵有所凸顯。不過，儒家道家在體道進路上，仍有其區別。儒
家強調以道德主體作爲價值核心，推行道德實踐、道德教化不遺餘力。而莊
子思想並沒有這種道德意涵的強調，儘管其並不否認道德的存在與需要，但
追根究底，是以「正言若反」的方式，作一現實處境的反省與質疑，而非正
面地提出如道德概念等具體的價值判斷。「道」本有生生造化的一面，但在莊
子思想裡，則強調時命變化的不可奈何。

　　不過，儘管有歧異，這歧異也並非對立的歧異，而是能有所互補的歧異。
莊子理解事物的興衰自然，然而也重視到精神之可貴。人之精神如日出日落
一般，雖有變化，卻能恆存不息。莊子要人體認「道」，除了要求體察現實事
物的潛能與本性，更重要的，即在於面對現實事物殘酷、不堪的一面。使人
認清何爲事物的自然變化，何爲人爲地自我困擾。道的提出，應立基於不高
估人的能力這一思考，追索事物背後的根源，強調事物之本性與潛能，理解
並接受自然運作之盛衰變化。透過對生命處境反覆省思，才得以體道、明道

與法道，當人回歸自然，自能在這變動之際安身立命。

第二節　聖人觀

一、何謂聖人

　　《莊子》裡的聖人概念，與常人相對。能認清現實事物的流轉變化，時命的自然運作，放下執著隨物應對，精神超然而獨立，出世入世皆能自在。馬其昶理解這個道理，並對此做出強調。如〈德充符〉：

> 死生存亡，窮達貧富，賢與不肖毀譽，飢渴寒暑，是事之變，命之行也。日夜相代乎前，而知不能規乎其始者也。故不足以滑和，不可入於靈府。〈德充符〉頁 41。

注云：

> 其昶案：命行事變，知者不能預圖，故當任其自然。其昶又案：靈府，即靈臺。王介甫言：「莊生之書通性命之分，而不以死生禍福累其心，此其近聖人也。」○郭象曰：靈府者，精神之宅也。

面對時命的變化，聖人能自覺己身限度，守住份際，不干預造作而任其自然，就算是生死關頭禍福利害，心志也不爲所動。馬氏有一些描述，如：

> 若然者，登高不慄，入水不濡，入火不熱。是知之能登假於道者也若此。〈大宗師〉頁 44。

注云：

> 李威曰：天地有寒暑，人世安得無炎涼，惟君子能超俗情，一以平衡之心處之，盡我之常而不受物之變。不濡、不熱，蓋以喻此。

自然界有冷暖變化，人間世有世態炎涼，無論變化如何，聖人都能於此超拔，精神超然而獨立。「常」即本性，盡己之性而不爲外物所動，而此本性，亦屬天性。

> 「何謂人與天一邪？」仲尼曰：「有人，天也；有天，亦天也。人之不能有天，性也。聖人晏然體逝而終矣。」〈山木〉頁 139。

注云：

> 其昶案：天生而有人，人能自葆其天，則人亦天矣。人而不天，蔽於性也。聖人體逝，純亦不已也。○歸有光曰：以上順分。

〈山木〉此節思想透過顏回與孔子的對話來呈現，現實中，有著「天損」與「人益」兩種的困境，前者是天生的自然侷限，有需理解與接受，後者則是人爲的困擾，往往糾纏而難解。人應理解自然之限，免去人爲之困。然而，儘管人有其限制，依舊仍有天人相適的可能，人性中本有質樸自然之根性，倘若能復歸保住這分本性，則能與天相感，體悟天地「純亦不已」的生化法則。這種感通是透過生命處境的眞切省思的體察，而非逐物之追求。故：

> 日與物化者，一不化者也，闔嘗舍之？夫師天而不得，師天與物，皆殉，其以爲事也若之何？夫聖人未始有天，未始有人，未始有始，未始有物，與世偕行而不替，所行之備而不洫……〈則陽〉頁182。

注云：

> 姚鼐曰：師天而不得，此以意解所至爲師天者也，此與殉物者同爲殉耳。聖人之師天，則未始知有天也。○李頤曰：洫，濫也。○其昶案：充備而不濫溢，無內無外也。此七句言聖人之師天，其事如此。

聖人的境界並非將天看成一外在事物，並對其刻意追求，倘若有此心態，則與世俗求物者一樣落入執著、外逐的困境。聖人亦不將天人設想爲截然二分的對立，正相反，聖人體察出兩者相容的可能，能彼此循環相應，圓成天人合一的理境。

這種境界是透過主體修養所體現，但這種修養並非個人意志所宰制，而是超脫個人執定，對處境的觀照反省。故：

> 其合之也若之何？湯得其司御門尹登恆爲之傅之，從師而不囿，得其隨成，爲之司其名，之名「贏法」，得其兩見、仲尼之盡慮，爲之傅之……〈則陽〉頁182。

注云：

> 其昶案：聖人無常師，故能不囿而得其隨成。其昶又案：司，察也。《春秋繁露》「深察名號」，云：「名之爲言，眞也。」隨事察名，能自得師者也。其昶又案：之者，是也。贏法，不匱之法也。其昶又案：盡慮者，見善、見不善皆察也。仲尼之「三人有師」，即仲尼之師天也。此八句聖人師天，如是而合。

聖人本不自是，故學無常師，總能隨時地虛心體察，不爲現有成果所滿，爲

自身成見所圍，從而體悟道本體根源之眞。體道，並非求一外在絕對之神，而是肯認「道」本在人間，存於各種具體生命處境之中，而有待虛心體察。筆者認爲，「體道」，並人爲控制思辨預設，即能得到體認，而是透過每一生命處境的具體洞察，透過活生生的實踐，才有的眞切體會。而這種體察，並無終點可言，並不曾有體悟就因此停頓，而是永遠以虛心的狀態，對生命的處境進行理解與反省。所以得道者本不自是，得道者從自不以爲得道，而總是繼續於生活中繼續落實主體修養的功夫。所以〈大宗師〉有言：

> 雖然，有患。夫知有所待而後當，其所待者，特未定也。庸詎知吾
> 所謂天之非人乎？所謂人之非天乎？且有眞人，而後有眞知。何謂
> 眞人？古之眞人，不逆寡，不雄成，不謩士若然者，過而弗悔，當
> 而不自得也。〈大宗師〉頁 43～44。

任何智慧，都有待背後一個標準才能做出判斷，然後這個標準往往並未確定。體道過程中，怎知我所謂的體道不是個人的意見呢？或者，又怎知這個人的意見就絕非體道的智慧呢？其實這些都不是事前所能預先構想的知識或判斷，總是透過聖人般眞實的生命實踐後，才能提出這種洞見。只是，什麼又是聖人呢？古代聖人，不惡寡，不強成，不以機心造作，坦然接受一切，又從不自以爲是。

　　這裡點出兩個要點，一方面，聖人之所以得道，在於具體生命的反覆體察，這意謂莊子思想並非逃避現實的遁世思想，或流於個人意見，而是要求面對現實處境做出眞切的體察與反省；另一方面，這種反省，無論修養境界到達何種層次，總以虛心不自是作爲一貫的原則，使體道狀態，並不落於個人的獨斷，而總能持續地探索與修正。

二、後世之僞

　　儘管聖人是作爲一種得道的理想目標，但馬其昶也指出，後世之人多有假聖人之言，行悖亂之事。如：

> 天下之善人少，而不善人多，則聖人之利天下也少，而害天下也多。
> 故曰唇竭則齒寒，魯酒薄而邯鄲圍，〈胠篋〉頁 68。

注云：

> 吳闓生曰：引魯酒事以見勢不相及而事實相因。此見莊子本意未嘗

詆毀聖人也；特無奈假聖人之說以肆其奸者為何！

〈胠篋〉一篇的言語，遠較內篇激切，其極端地認為聖人的存在，弊遠多於利。馬其昶對此認為，莊子本無意詆毀聖人，只是後世善人少，不善之人多，故聖人之言反被假託、剽竊，私心自用以致為害天下。又如：

> 吾語汝，大亂之本，必生於堯、舜之間。其末存乎千世之後。千世
> 之後，其必有人與人相食者也！〈庚桑楚〉頁159。

注云：

> 陳光淞曰：莊子生於周末，親見亂賊接踵，竊聖人之迹以濟其兇，
> 是聖人開物成務者，適為殃民之具。因痛皇古之不可復也。

〈庚桑楚〉更進而描述，禍亂之源，即出自聖賢。馬其昶對此理解為，聖人原初立意良善，但後世之人未能明其本意，甚至剽竊其言做為私心之用，因而導致禍國殃民。

透過馬氏的省思，筆者認為，這裡有幾種困境的思考。第一，儘管聖人有其價值意義，即作為求道過程中的理想狀態，但並不保證其言行不為後人所曲解，或做任何意圖的使用。沒有人能完全預測、甚至控制自己言行所可能帶來的影響，原初良善的用意，很可能淪為後代有心人士利用的工具，如名教有其功能，卻可能流衍為魏晉時期的虛偽名教，或清代之以理殺人。第二，聖人本不自視為聖，後世之人總欲求聖，倘若不知持續地虛心自省，就算立意良善，也難免落入刻意、執著的心境。值得注意的是，現實中，愈塑造神聖絕對不可挑戰之物，往往愈加魔鬼，愈使人流於獨斷封閉與僵固，甚至為達成目的不擇手段，結果反而造成更大的傷害。並非惡人作事才會有傷害，執於意必固我者，亦可能給人更多的困擾。聖人之理境，終究得透過吾人生命處境的虛心反省才能有所體察，而這種省察，才能有虛偽哲理與意必固我的洞察與警覺。

《莊子》思想裡，聖人擁有超乎常人的修養境界，但是聖人並非無所不能。聖人的價值，不在於自身力量的凸顯，而在於體道的智慧，對於本性與人間世的瞭解。然而，這並不意謂聖人有駕馭「道」的能力，道依舊非個人所擁有的東西，而是事物的本性與潛能。《莊子》的聖人概念並未有道德的神聖感，而是冷靜地省思生命之限制，理解之並接受之，死生禍福不擾於心，從而復歸天地之造化。

第三節　心性論

一、何謂心

　　何謂心？考察馬其昶《莊子故》的注解用語，心有兩種層次的使用：一為世俗的成心，一為常心的理境。「成心」可泛指一般世俗所執定的認知、價值判斷，倘若進行「無心」的生命反省，便能使茫昧的心有逐漸開朗的可能。這過程需透過虛化執定的不斷積累，以達到不為物擾的「常心」境界，即體道的狀態。兩者雖層次不同，但彼此具有境界遞進的聯繫。以下分別闡述之。

（一）成心之心

　　「成心」一詞，此處得作一界定。《莊子》本有成心一詞，〈齊物論〉云：

> 夫隨其成心而師之，誰獨且無師乎？奚必知代而心自取者有之？愚者與有焉。〈齊物論〉頁 11。

此處的「成心」，應當解為世俗執定之成見，然而馬其昶卻注云：

> 其昶案：「成」、「誠」同字。《詩》「成不以富」，《論語》「成」作「誠」，成心，對上成形。錢田間先生謂，即《易》之「成性」是也。世人心與形為存亡，唯成心者不亡。成心為實有之真心，〈知北遊篇〉所謂「內不化者」也，師，即師其君宰。

此段文意有解為「若隨著自己成見之心來學習，誰會沒有老師呢？必以自己智識成心為道理，愚笨之人都能如此」。

　　而馬其昶則將此「誠心」解為「人隨其誠心來學習，誰會沒有老師呢？何必以智識取代誠心？因為再笨的人也有此條件。」馬其昶聯繫《詩經》、《論語》使此文中的「成心」解為「誠心」，使文意有了根本的翻轉，從貶義轉成褒義，由成見之執定轉為反身而誠的正面思考。

　　筆者認為，莊子雖求真心常性的回歸，但並非同儒家有著對道德主體的強調。莊子不作此強調，反而對此提出反思反省的檢討，凡涉及一切認知與價值判斷，皆應對其檢視，並銷解自身所帶有的成見與執著，以解決人們許多無謂的自我困擾。

　　不過，儘管馬其昶此處儒道會通地解，以「誠」解「成」，然馬氏仍有以世俗成見之執定來使用「成心」一詞。如：

顏淵問於仲尼曰：「文王其猶未邪？又何以夢爲乎？」仲尼曰：「默，女無言！夫文王盡之也，而又何論刺焉！彼直以循斯須也。」〈田子方〉頁 146。

注云：

其昶案：文王舉賢而必寄之夢卜，不自用也。斯須者，化機也。循斯虛，故無成心。以上化畛域。

此處馬氏認爲文王以虛心不自是，化去成見執定爲要旨，而作肯定。此處「成心」即解爲世俗之成見之執定，作爲貶義詞的使用。此外，心亦有作其他世俗心境狀態的描述。如：

其寐也魂交，其覺也形開，與接爲搆，日以心鬥。縵者、窖者、密者。〈齊物論〉頁 9。

注云：

簡文曰：縵，寬心也。窖，深心也。

描述現實中有寬緩，深邃等用心的不同，由此看來，馬其昶將各種情緒現象一併歸入心的範疇之中。而心亦多與知相聯繫，作爲一般的認知、價值判斷的用意，如：

若一志，無聽之以耳而聽之以心；無聽之以心而聽之以氣。聽止於耳，心止於符。氣也者，虛而待物者也。唯道集虛。虛者，心齋也。」〈人間世〉頁 28。

注云：

陳祥道曰：《文子》云：「上學以神聽，中學以心聽，下學以耳聽。」心止於符，則極於心之所合而已。○其昶案：即《易》「朋從爾思」之怡。○郭嵩燾曰：齋之言「齊」也。非使其心虛而不受物，不能使之潔齊。

此處「心」作爲「心知」，泛指一切認知、價值的判斷。〔註 7〕心知的層次，高於形軀欲望的本能欲求，但卻又低於沖虛無執的體道心境。馬氏認爲，心知必得進一步透過虛化，才能體現主客合一天人合一，與物無對的理想狀態。又如：

聞以有知知者矣，未聞以無知知者也。〈人間世〉頁 29。

〔註 7〕筆者此處所用認知、價值的判斷的概念並非等同知識義的知，作爲客觀知識的認識，筆者所用的是指主體認知，能涉及一切存在感受。

注云：

> 嚴復曰：知，即「知出乎爭」之「知」，蓋無感其名，外於心知，去
> 二兌器，而回可以行矣。

筆者認為，此處亦作為認知、價值判斷的心理現象。不過同上述一樣，這些皆非莊子所肯認的「心」，「心知」的認識、價值判斷的作用本有其限度，現實中，人們總有各自的見解與限度，倘若不知虛心反省、反覆體察，而一味地執著成見，將使現實中充斥著認知與認知之間，價值與價值之間無止盡的紛爭，從而衍生許多無謂的困擾。莊子為矯此弊，從而提出「虛己」的修養，要求虛化自我的成見與執定，試圖將人們陷溺於世俗之成心，超拔為無所紛擾的精神自由。

心不僅有陷溺世俗的一面，亦有超拔自由的一面，不過，後者得透過無為的修養過程，方能逐漸體現，筆者認為得透過主體精神的虛化功夫，將「成心」反省、超拔為「常心」，凡人並非一蹴可及地，能以頓悟方式體道超脫，而是得透過對己心的持續虛化，逐漸由迷轉悟。

> 其有真君存焉？如求得其情與不得，無益損乎其真。一受其成形，
> 不忘以待盡。〈齊物論〉頁 10。

注云：

> 陸長庚曰：此真，於人本無損益。迷則凡，悟則聖。○王闓運曰：
> 保其形以待盡，是待死而已。○其昶案：真宰不亡，而今亦待盡。
> 此言「其形化，其心與之然」。

言人心，有迷之一面，亦有悟之可能。心的作用，人總於迷悟之際，茫昧地打轉，但無論是迷是悟，「心」皆為主體修養的核心關鍵。故：

> 夫道，有情有信，無為無形；可傳而不可受，〈大宗師〉頁 47。

注云：

> 王應麟曰：屈子言「道可受兮不可傳」，莊子所謂傳，傳以心也。屈
> 子所謂受，受以心也，耳受而口傳之，離道遠矣。

此處馬其昶明確指出，莊子思想實圍繞在心之修養。唯有透過一心的徹悟，才能體察莊理，使執迷之成心，翻轉為常心的體悟。不過，這種迷悟之際的心境轉換，亦使馬氏聯繫到佛學思想來做解釋。如：

> 方今之時，臣以神遇而不以目視，官知止而神欲行，瞻彼闋者，虛
> 室生白，吉祥止止。夫且不止，是之謂「坐馳」。〈養生主〉頁 22。

注云：

> 向秀曰：專所司察而後動，謂之「官智」。縱手放意，無心而得，謂
> 之「神遇」。○司馬彪曰：闋，空也。室，喻心。心能空虛，則純白
> 獨生也。○崔譔曰：白者，日光所照。○方潛曰：照見五蘊皆空也。
> ○郭象曰：吉祥之所集者，至虛至靜也。○方潛曰：度一切苦厄也。
> ○王敔曰：坐馳，謂端坐而神遊六虛。○其昶案：《淮南》「是謂坐
> 馳陸沈」，注：「言坐行神化，疾於馳傳。」方潛曰「應無所住而生
> 其心也，坐微塵裏轉大法輪也。」

此處連續引用佛理來做注解，一方面強調心之重要，一方面又強調此心境內
容，當爲虛心、無心的無執狀態，方能超拔一切紛擾。只是莊子思想與佛理，
雖皆求去除執念，但仍有著思想特性的殊異，而應謹慎把握兩者分際。莊子
之理，雖重無執之心，不過未若佛理有著遁世、出世，以離開人間爲宗旨的
核心關懷。莊子思想雖然不高估人之本能，但總是回歸現實面來做反省，其
「自然」並不等同佛理的「空性」，佛理中眾生並無自性，然莊子卻肯認萬物
有其自性，當回歸返求自己的本性。馬氏並未言明佛理與莊理的殊異，不過，
其已具體點出莊子強調本性存在的一面，而欲使人勿傷此性。如：

> 方今之時，僅免刑焉。福輕乎羽，莫之知載；禍重乎地，莫之知避。

注云：

> 郭象曰：福者，即向所謂全耳，非假物也。舉其自舉，載其自載，
> 天下至輕也。然知以無涯傷性，心以欲惡蕩眞。棄夫自舉之至輕，
> 而取夫載彼之至重，此世之常患也。

描述世人多流於外在的茫昧追逐，或內在的私心欲求，導致遺失本有的眞性。
對此，要求透過對心的無爲虛化，將逐物的迷失轉回內在的收攝自省，將各
種欲求洗滌爲虛靜無所執念。馬其昶認爲，這就是莊理無爲的涵義，使事物
歸其自己，而無是非好惡之爭逐。

（二）常心的得道境界

馬其昶對心的指稱，有褒義，亦有貶義。而「常心」一詞，在其闡述過
程中，皆是褒義，是作爲得道理境的一種描述，而有高於世俗成心的生命層
次。這於這幾種心境的層次，馬其昶有一些論述。如：

> 彼爲己以其知，得其心以其心。得其常心，物何爲最之哉？〈德充
> 符〉頁 37。

注云：

> 方潛曰：以知得心，明心也；以其心得其常心，見性也。○司馬彪
> 曰：最，聚也。○屈大均曰：心從知而得，知之外無所謂心也；常
> 心從心而得，心之外無所謂常心也。知即心，心即常心。大抵聖愚
> 之分在知不知。知即有物皆心，不知即有心皆物。莊生之齊物，亦
> 齊之於吾心爾。知心之外無物，物斯齊矣。

若依引文中的方潛注，則原文將標點為「彼為己，以其知得其心，以其心得其常心，物何為最之哉」。筆者解為，一般世俗執定的認知、價值判斷所塑成的「成心」，若透過「無心」的精神修養，可達到不為物擾的超拔境界，即「常心」的狀態，此皆本是一心，只因修養境界不同而有層次的殊異，彼此其實具有遞進的聯繫，應反覆從此心做出發，而非另有一心可做探尋。倘若達到這種「常心」理境，則人自可擁有精神上的獨立，與順物而為的體道關懷。如：

> 堯治天下之民，平海內之政，往見四子藐姑射之山，汾水之陽，窅
> 然喪其天下焉。〈逍遙遊〉

注云：

> 郭象曰：天下雖宗堯，而堯未嘗有天下也。故窅然喪之，而常遊心
> 於絕冥之境。四子者，蓋寄言以明堯之不一於堯耳。

又於〈逍遙遊〉篇末注云：

> 屈大均曰：莊生之學，貴乎自得。鯤鵬之化，皆以喻心。無何有之
> 鄉、廣莫之野，心之寓焉者也。彷徨逍遙，適其適之至也。化其心
> 為鯤鵬，化其身為大樗，夫既已無己矣，又何功與名乎哉？○其昶
> 案：以上言甄陶宇，又必具堯舜不與之襟抱，乃能用世而不為世用。
> 方潛曰：「大瓠、大樹，寫大用也。」〔註8〕

皆描寫聖人超然物外的終極理境，然而馬其昶對此一再強調，一切理境的呈現本不離此主體心境之發用，然而此心絕非「成心」，而是得透過主體修養，達到虛化、超拔的「常心」狀態。所以，儘管一切皆不離主體心境之發用，此「常心」之內容亦非「成心」只停留於個體認知的執著，為個人意志所封閉，而是無心無己之虛懷，以生命反省做出發，重新去理解並接受這個世界。

〔註8〕馬其昶《莊子故》頁7。

故：

> 至人神矣！大澤焚而不能熱，河漢冱而不能寒，疾雷破山，飄風振
> 海而不能驚。若然者，乘雲氣，騎日月，而遊乎四海之外。死生無
> 變於己，而況利害之端乎？〈齊物論〉頁 18。

注云：

> 郭嵩燾曰：能不以物爲重，而天地造化自存於吾心，則外境不足以
> 相累。莊子之自期許如此，故屢及之。

由於虛心對待，天地一切事物皆能無差別地收攝於吾心之中，然而這是透過
反覆生命地反省而有的體察，所以儘管接觸更多面相的事物，卻不因此感到
紛擾。這就是常心的理境，擁有精神心境的穩定，以及像天地敞開的包容態
度。

　　爲何總向天地敞開呢？筆者思考，這即在於馬其昶本肯認「道」之存在，
應將個人意志退開，由道體現其本性與潛能，使其得到自然的成長。唯有透
過對生命處境，一切存在的觀照，才能對此有所體察，所以此思想體系，一
方面不斷地虛化反省，另一方面又持續地對現實世界進行理解，兩者相互循
環，以呈顯道之存在與妙用。故：

> 使日夜無卻，而與物爲春，是接而生時於心者也。〈德充符〉頁 41。

注云：

> 其昶案：接而生時，純亦不已也。時，即謂春。人以生物爲心，無
> 閒四時。

又如：

> 汝遊心於淡，合氣於漠，順物自然而無容私焉，而天下治矣。〈應帝
> 王〉頁 56。

注云：

> 其昶案：以上棲心淡泊，出治之本。司馬子長云：莊子散道德，放
> 論，要亦歸之自然。

透過主體精神的虛化，常心能體察道「純亦不已」的生化作用，從而與天地
萬物相協調，回歸事物自然本性與潛能。由這些脈絡來看，莊子思想不僅有
克服心境紛擾的一面，對於人與人之際，人與天地之際的協調，也是此思想
體系裡尋求解決的重要課題，而這些思考，也間接體現馬其昶經世致用的詮

釋脈絡。

二、何謂性

　　對於「性」一詞，馬其昶《莊子故》有解爲本性、眞性、常性等概念，不同於「心」有著不同層次的描述，「性」於書中，皆以質樸、本眞等褒義做一肯定的形容。以下對此闡述。

> 人莫鑒於流水而鑒於止水，唯止能止眾止。受命於地，唯松柏獨也？在冬夏青青；受命於天，唯舜獨也？正幸能正生以正眾生。〈德充符〉頁 37。

注云：

> 其昶案：也，與「邪」同。言受命天地，非有獨異；物最人從，其性通也。其昶又案：正性之「正」，語詞也。其昶又案：以上言性者，天地萬物之一原，故德充而符自然徵應。

馬其昶指出，人之性，本受命於天地，然此性萬物皆然，非人所獨有，故天人物我能相互感通。此處明確以存有論角度，點出物我同源天地，也由於性之具足，使人有機會與物相通，甚至感通於天地之道。「性」爲人道賦予人的內在聯繫，由於人皆有性，故人皆有體道的可能。以「性」萬物皆具的說法，亦可視爲道作爲萬物普遍根源的另一說明。如：

> 夫聖人之治也，治外乎正而後行，確乎能其事者而已矣。且鳥高飛以避矰弋之害，鼷鼠深穴乎神丘之下以避熏鑿之患；而曾二蟲之無知！〈應帝王〉頁 55。

注云：

> 焦竑曰：確乎盡其性命之能事而已，我無爲而民自正也。○焦竑曰：鳥鼠避患曾不待教，況民之有知，豈必作爲經式儀度以拂亂其常性哉？○其昶案：「治外」七字爲句。「正」同「政」，即經、式、儀、度也。其昶又案：以上治在因人，不在法度。

將性與命並稱，更可見人之性與道的聯繫，皆是天地事物之間本有的內在潛能。此即肯認天地萬物皆有本性，何況是人。聖人之治，本在輔順人之本性來治理，並非以刻意、自是的規矩範式，強加主導。對於此性，馬其昶又時以眞性稱之，認爲其不生不滅。如：

> 無古今，而後能入於不死、不生。殺生者不死，生生者不生。〈大宗

師〉頁 48。

注云：

> 憨山曰：生者有形之累也，若形骸已外，則一性獨存，故曰「殺生
> 者不死」；能造化羣生而一眞湛然，故曰「生生者不生」。其昶案：
> 以上眞性常在不死不生。

又如：

> 出無本，入無竅。有實而無乎處，有長而無乎本剽，有所出而無竅
> 者有實。〈庚桑楚〉頁 163。

注云：

> 陸德明曰：本，始也。長，增也。○崔譔：剽，末也。○其昶案：
> 隨氣化以生死，無定所，無定期。其昶又案：此言無本而又有所出，
> 無竅而又有所入，是之謂有實。上下錯舉，互備爲文也。實，謂實
> 際。雖有出入生死，而眞性之常存則一也。

兩則注文皆肯認眞性常存，不因氣化聚散，生死變化而有所消亡。筆者認爲，
此眞性即爲人之存在之價值意義，而此價值即是天地之道的價值，眞性即是
道，故馬其昶多考察性命之眞，認爲眞性的返回，是讓物我各得其所的實現
方式。

只是一般人，多遺喪此眞性而不能自己。如：

> 夫孟孫氏盡之矣，進於知矣。唯簡之而不得，夫已有所簡矣。〈大宗
> 師〉頁 52。

注云：

> 姚鼐曰：常人束於生死之情，謂哀痛簡之不得，而不知已於性命之
> 眞有所簡矣。

一般人往往束縛於生死之事，而難免哀痛，卻不知孟孫氏對於性命之眞已有
所體悟，認爲死與生皆爲自然之化，無須有哀與不哀的分別。對此，馬其昶
強調對性命之眞，應有所體察，而不應使其茫昧、失卻。

天地之眞性是作爲人存在的基本價值之一，然而，吾人又如何分辨，眞性
與一般生理本能的區別呢？倘若順適自性，又如何避免被形軀欲求所控制，落
入動物性的本能衝動呢？筆者認爲，馬其昶的思想體系裡，性本源於道，故本
據有與道相通的基本條件，但這只是存有論的說明，就體道實踐來說，仍得以
主體心境這一層面，來下功夫。「性」應視爲靜態義的內在根據，而「心」則

視爲動態義的實現原則。透過「無心」之功夫，將「成心」超拔爲「常心」，而常心即能回歸、體現眞性，而眞性自能通達天地之道的生化法則。

不過，透過這樣的解析將會發現，與宋明理學的心性論，多少有一些類似之處。筆者判斷，馬其昶此處應該也帶有儒道會通的色彩。但值得注意的是，馬氏對於眞性，並不解爲惻隱之心，對於天地性命之眞，亦不作道德教化的強調。此眞性內容應不排斥道德概念的存在，但又非僅指涉道德概念而已，而是以較寬之範疇概括此眞性的底蘊。馬氏爲何未對此眞性作進一步說明呢？筆者思考，一方面可能認爲此底蘊難以全面說明外，另一方面即在於眞性之朗現，絕非言語思辨就能體會，本應透過生命處境的反省與實踐，才能有所體察，這也是實踐智慧本有的重要特性。

第四節　虛化工夫

如何顯發自性體現眞道，馬其昶強調一個「虛」字，要求對己心的虛化，離形、去知，合於大通。這一功夫論概念，普遍見于注釋之中，以下試著闡述這個現象。

> 無爲名尸，無爲謀府，無爲事任，無爲知主。體盡無窮，而遊無朕；盡其所受乎天，而無見得，亦虛而已。至人之用心若鏡，不將不迎。應而不藏，故能勝物而不傷。〈應帝王〉頁59。

注云：

> 成玄英曰：尸，主也。○其昶案：盡受，故無窮；無見得，故無朕。○劉大櫆曰：虛，乃莊子宗旨，所謂無心、無爲、無用者是也。○薛瑄曰：程子所謂「形容道體」之言，此類是也。

以及

> 言以虛靜推於天地，通於萬物，此之謂天樂。天樂者，聖人之心以畜天下也。〈天道〉頁92。

注云：

> 其昶案：以上虛靜無爲，與天地合德，是爲大本、大宗。

馬其昶認爲體道，即是透過主體精神的虛化來達成，「虛」本是莊子思想的宗旨，並指出這種修養過程，並非出自身意念的主觀想像，也非求於物外的客觀定理，而是透過處境狀態的反省，對主體精神作一無心無爲無己的銷解，

將個體的自我意志退開，泯除執定與成見所造成的封閉，讓道自然呈顯於吾
人的生命處境之中，達到主客合一物我合一天人合一的存在感通。主體的心
志在此發揮了關鍵的作用，但其心志內容，卻是沖虛無己的超拔境界，藉由
這種反省，重新向世界敞開。也由於有著這種對現實的聯繫關係，所以具體
的治世之道，亦首在虛己，如：

> 然後列子自以爲未始學而歸。三年不出，爲其妻爨，食豕如食人。
> 於事無與親。雕琢復朴，塊然獨以其形立。紛而封戎，一以是終。
> 〈應帝王〉頁 59。

注云：

> 郭象曰：忘貴賤也。○成玄英曰：槁木之形，塊然無偶。○宣穎曰：
> 帝王之道在虛己無爲，不可使天下得相其端，以開機智。○其昶案：
> 以上立於不測也。《淮南》言人主之意欲見於外，則爲人臣之所制。
> 故《老子》曰：「塞其兌，閉其門，終身不勤。」

又如：

> 顏淵問於仲尼曰：「文王其猶未邪？又何以夢爲乎？」仲尼曰：「默，
> 女無言！夫文王盡之也，而又何論刺焉！彼直以循斯須也。」〈田子
> 方〉頁 146。

注云：

> 其昶案：文王舉賢而必寄之夢卜，不自用也。斯須者，化機也。循
> 斯虛，故無成心。以上化畛域。

馬氏認爲虛己無爲，方能忘卻貴賤、塊然獨立，以此爲治，天下是非之人不
會探其喜怒投其所好，或見縫插針，皆一再爲此紛逐。虛己的重要意義，讓
自身私有的意志與執念能夠退開，不在陷溺於是非對立，干預事物的自然，
亦讓外在事物不因己身作爲而有無謂的執著，一切以回歸物我之眞性爲核心
要求。也如：

> 可乎可，不可乎不可。道行之而成，物謂之而然。惡乎然？然於然。
> 惡乎不然，不然於不然。〈齊物論〉頁 13。

注云：

> 其昶案：各有所行以成其道。各謂其物爲然，而異己者爲不然，皆
> 私也。非眞是所在。

認爲物之自身本有其性，透過此性可成其道，故本應撫順此性來作發展，而非以己私臆度妄加干預來徒增紛擾。無私方能顯眞性，而無私本是透過虛己方能達到。故：

> 若是而不可謂成乎？物與我無成也。是故滑疑之耀，聖人之所圖也。
> 爲是不用而寓諸庸，此之謂以明。〈齊物論〉

注云：

> 其昶案：人己成虧，道通爲一。昭文之繪，不能成子，何能明人？故各私一我，皆可謂成；兼物與我，無所謂成也。其昶又案：以明者不用己而因諸人，與物宛轉，即所謂滑疑之耀也。自「古之人」至此，言道本至虛，故不執己見。

馬氏認爲唯有透過虛己，方能使物我成虧的區別泯去，而感通天地。道爲本體根源，但其具體內容並非神格義的天，而是事物之中的本有潛能與本性。道本至虛，故能涵蓋萬物、無私地造化萬物，人亦當如道，秉虛己之心，不執己見地撫順事物之自然。

對於人與天地的關係，馬其昶還有一些闡述。如：

> 覩有者，昔之君子；覩無者，天地之友。〈在宥〉頁78～79。

注云：

> 其昶案：昔之君子，猶言古之君子。即《禮運》所謂禹、湯、文、武、成王、周公之六君子也。其昶又案：以上無己大同。焦竑曰：「老莊盛言虛無之理，非其廢世教也。彼知有物者不可以物物，而覩無者斯足以經有，是故建之以常無有。不然，聖賢之業責之膠膠擾擾之衷，其將能乎？舜之無爲而治，禹之行所無事，非不治不行也。昧者遂以廢事爲無爲，是鬱閉而幾水之清者也。失之遠矣。」

馬其昶此處，以「有者」爲「禹、湯、文、武、成王、周公之六君子」，應是視儒家思想爲「有」，而老莊思想爲「無」。但此「無」並非避世消沉之逃避，其後頭補述，老莊盛言「虛無之理」並不與儒學世教衝突矛盾，只是，唯有虛己無己，才能不受執定地虛懷包容、造化萬物。由此看來，「虛」可看成是馬氏會通儒道的一種態度。然而，這也凸顯出道家之價值，不同於儒家積極重建人文世界的宗旨，而是對己身與現實世界，一再提出反省，要求放下執著，回歸眞性，與天地精神往來。

　　虛化功夫本立基於主體精神的發用，以眞性回歸爲目的，然此並非意謂個人欲望、意志的解放，一切任由本能決定。正相反，馬其昶認爲眞性這是透過虛化後，才有的理境，這虛化過程，實爲一謹愼態度下的生命修養。

　　筆者思考，各種認識、價值判定，一切心知能力皆本於主體精神，而莊子講求解脫的方式，亦始終以精神主體爲核心，由成心，透過虛化，一再反省、洞察生命處境，最後從迷悟之際超拔、翻轉爲常心的體悟。這過程往往是個人心境的體現，就精神層次來說，人與人之間，理論上應有著境界上的不同。

　　不過，儘管現實有境界高低之分，但體道的實踐過程中，實無境界高低之別。一切皆是不斷虛化的循環過程，眞正體道的人，儘管會有心境上的平和穩定，但對於此虛化卻始終不曾間斷，這是一個動態義的實踐狀態，一切總在運作之中，不曾有停滯、懈怠的靜止。就如〈逍遙遊〉寓言中，大鵬雖超拔於世間，卻仍力圖南飛天池追群眞理的理境。

　　倘若現實中，人們過於強調判斷、評價境界之高低，則不免對此又落入另一種執定。論理上雖有境界之分，但實踐中絕無境界之別，作爲一種實踐強調，一切總是重複地一再虛心體察，使自我不落入自以爲是的境界認定，從而避免落入僵固、獨斷、執定的封閉思考。修養境界之遞升，本非理論思辨所能造就的狀態，而是虛化工夫經過時間的歷練不斷地積累，不知不覺間自然地成長。

　　筆者從不認爲莊子這種虛化後的主體精神會走向唯我論的想像或獨斷，即在於清楚其精神主體的內容，並非個人意志與欲望所充塞，而是去執虛化後的一種理解與包容。將原有的外在認識、價值判斷的執定一併消泯，使其能夠繼續去接受各種不同的認識、價值判斷，以及事物之間的種種變化。

　　由於虛化，所以各種認識、判斷總能隨說隨掃，能有所接受，但又不因此執定。對現實生命總能接受與包容，卻能也所包容的東西，一再給予省思的淨化。然而，這是否意謂莊子哲學總是如此隨波逐流而毫無重心可言呢？筆者認爲莊子有虛與委蛇的一面，但並不意謂其落於鄉愿般於世俗中奔逐，或衍生成一種價值虛無主義。莊子仍有重心，只是那種重心並非現實人爲的重心，而是一種虛靜精神下的體道要求。此處試以圖4表示這種內外平衡的循環關係：

精神主體虛化，使人更能理解、體察、融入、包容現實存在，洞察事物間的內在潛能與本性，朗現道之本體根源。使體道不落於執定獨斷的封閉。

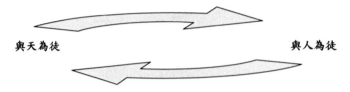

與天為徒　　　　　　　　　　　　　　　　與人為徒

一切處境觀照皆收攝於內在精神主體，對其虛化反省超拔，退開自身的成見與執定，使精神不流於外在競逐，而維持平和穩定，回歸本真與道相適。

圖 4（本書作者製）

　　莊子一方面要求「與人為徒」，去面對、融入人間世，另一方面更要求「與天為徒」，作為一種內在虛化的主體精神來與道相適。這兩種面向並非截然二分的割裂。由於虛化自我，不僅能使精神穩定、超拔於紛擾，此外更能面對、接受、包容現實中的事事物物。也由於持續對現實觀照，才能探求出事物本身的潛能與本性，並藉由把握事物的潛能與本性，使其獲得穩定自然的發展，並讓自我與現實處境取得彼此相適的平衡。一切皆為主體之發用，然主體發用的內容，不是個人的意志，而是道的朗現，道為何？道即隱於人間事物之中的本性與潛能，事物運作之律則，唯有透過主體精神虛化的的收攝、觀照，內心方能反省、洞察出真性的存在，從而對道有所感通。

　　莊子思想的體系中，其實並沒有如西方哲學般嚴格的截然二分，儘管可以就文意脈絡分析出主觀面與客觀面兩種思維，但那也不是作為尖銳對立的衝突存在，重要的是，莊子思想無論以哪種進路作出發，最終都是走向後文所言「天地與我並生，萬物與我為一」，〔註9〕以主客合一物我合一天人合一，內在外在相協調的核心關懷，在解讀莊子時，其實不能偏於內在或外在任何一邊，反忽略了其最終的意義要求。這是一種主體客體、內在外在相互運作的一種循環狀態，但這種運作屬於一種對真理的無限追尋，其本身現實中並無具體終點可言，得永無止盡地反思與實踐，經過時間的歷練後，達到物我「兩忘」自然而然的實踐狀態。

〔註9〕馬其昶《莊子故》頁15。

第五節　儒道會通

　　馬其昶認爲儒道同源，其注解莊子時，則儒道會通。此本是清儒注莊的一個時代特色。縱看馬其昶的儒道會通，可分兩類資料來看。一類是自己的案語與儒學做了聯繫，另一種則是，引用資料本身即是儒道會通的詮釋脈絡。前者較爲具體，可明顯看出馬其昶之詮釋態度；後者則不僅意指儒家學者的意見，也涵攝諸多莊學注釋，其本身在不同程度上亦帶有儒道會通的底蘊。儒道會通不僅是個人風格的呈現，實爲當時文化傳統所難免的詮釋脈絡。論文前幾章節中，已偶爾談及馬其昶儒道會通的詮釋現象，此處則進一步，以專題討論作一深入的闡述。

　　從資料範圍觀察，透過本論文第貳章文獻學基礎開頭所做的歸納，可發現馬氏所參考的儒學思想，相當廣泛，此中，猶以《周易》、孔子、孟子、周濂溪、程顥、程頤、張載、朱子的引用，較爲頻繁。〔註10〕而莊學注本裡本有儒道會通傾向的著作，有王安石、王雱、呂惠卿、王夫之、宣穎、姚鼐、王闓運、俞樾等家，除了林雲銘《莊子因》外，馬氏皆多所引用。〔註11〕就這些莊學注解看來，筆者認爲，是分別透過「起源論」、「理論聯繫」與「實踐需求」等幾個面相，來展開儒學思想的聯繫。

　　本文即以這幾種面向的思考，去探究馬氏的儒道會通的論述內容。首先，其〈序〉云：

> 《莊子》之書，自前世皆列道家，道家祖老子、孔子。當周衰，以聖德不得位，序《詩》、《書》、《禮》、《樂》爲儒宗。老子生并孔子，孔子所嚴事。當是時，其道未大顯。至戰國，孟子尊孔攘楊、墨至力矣，無一言及老子。吾意老子遯世無悶，隱君子也。其清虛淡泊，不大異孔子道；不然，孟子排異端，必不釋老子不置論者。世益陵夷，狙詐爭戰之風日熾。賢者自放不得志，痛當時諸侯王無慮皆爲民害，而世儒又貌襲多僞，乃發憤取老氏之說，務推本言之，以救其失，則莊周之徒興焉。其詞汪洋放恣以適己，其意則重可悲矣。
> 〔註12〕

〔註10〕筆者統計，《周易》8 例、孔子 24 例、孟子 10 例、二程 5 例、朱子 12 例。

〔註11〕筆者統計，王安石父子共 10 例、呂惠卿 16 例、王夫之父子共 39 例、宣穎 96 例、姚鼐 47 例、王闓運 50 例、俞樾 71 例。

〔註12〕馬其昶《莊子故》頁 1。

馬氏以爲孔子曾師事於老子，故兩者本有師承的聯繫，只是道家的思想在當時並不盛行。至孟子時，力排楊、墨，卻不詆老子，也應是彼此的差異不大而有的判斷。基本上，馬氏認爲儒、道本都是應對紛亂局勢下所衍生的用世哲學，其宗旨關懷並無二致。莊子之時，世風日下更甚，不僅賢者不得用，儒學更流於形式與虛僞，故莊子本於老子，提出正本清源的反省，試圖對儒學補偏救弊，以不同於孟子的思維特性，呈顯其對現實世界的關懷。而呈顯莊子生命、社會關懷之思想，正是馬其昶著述此書的用心所在，很明顯的，這裡就已帶有起源論的史觀思考。

　　除了上述起源論，馬其昶又以理論聯繫的思考，進行儒、莊思想，理論內部的會通。此中有引用儒家人物的看法，來與莊子作對比參照，也有將儒學思考直接引入文句來作解釋。如：

> 是以聖人不由，而照之於天，亦因是也。〈齊物〉

注云：

> 朱熹曰：因者，君之綱。道家之說此爲最要。《史記·老子傳贊》云：「虛無因應，變化於無窮。」虛無是體，因應是用。蓋因而應之之義云爾。其昶案：此即儒者因物付物之學。

此處原文，本有涵攝包容各家思想的底蘊，可能由此，馬氏即引用儒學來作會通。馬氏首先聯繫朱熹之意見闡發此處文意，以沖虛爲體，隨物應對爲用，最後又直接將莊子「因是」之義類比爲儒學思想。又如：

> 「天地無爲也，而無不爲也；人也孰能得無爲哉？」〈至樂〉頁 120。

注云：

> 歸有光：以上至樂在無爲，以生死不破，故多累。○其昶案：范文正公言：「一身從無中來，從無中去。千古聖賢不能免生死，不能管後事。即放心逍遙，任意往來。」其說殆取之莊子。朱子謂：「學者當常以志士不忘在溝壑爲念，則道義重而計較生死之心輕矣，況衣食至微末事？」蓋自古大儒名臣未有不勘破生死者，莊子書尤數數言此，特詼詭出之，遂覺詞旨別耳。

此處由於原文有「無爲而無不爲」的觀點，有「無爲」的省思態度，但也有「無不爲」的處世作爲，故馬氏聯繫到儒學，作一參照。其中引用范仲淹的言論，認爲千古聖賢皆如此看破，再引朱子的意見，認爲勘破生死，儒莊皆同，不過莊子特作強調，並以怪誕的描述作呈現，使人覺得有別。不過，儒

管表達方式有特殊怪誕的一面，馬氏並不認為莊子思想是自我任意下的放縱不羈，而是省思深刻的慎獨修養。故：

> 不見其誠己而發，每發而不當，業入而不舍，每更為失。為不善乎顯明之中者，人得而誅之；為不善乎幽閒之中者，鬼得而誅之。明乎人、明乎鬼者，然後能獨行。〈庚桑楚〉頁162。

注云：

> 其昶案：過而不改，更增一失。其昶又案：此論慎獨義最悚切。嵇叔夜自言讀老莊重增其放，非善讀老莊者也。其昶又案：不見其誠己者，不能反身而誠也。妄心迭發，鬼神瞰之。如此而召災患，乃人也。此反承「藏不虞以生心」。

以為莊子修養是一慎獨省身的修養過程，並批評嵇康的越名教任自然，實非老莊本旨。此正呼應《莊子故》序中所言「正始以來，士大夫尚清談、崇高致，人人言《老》、《莊》，卒放棄禮法，天下大亂。老、莊之教，外形骸、生死，寧靜自勝，王弼、何晏之倫，溺心勢物，殆不啻與之背馳絕遠，而老莊不幸蒙其名。」〔註13〕馬氏認為莊子是對人文世界提出修正與反省，而非放棄禮法的自是放任，儒家建立人文社會的基本秩序，道家對此基本秩序提出本源上的反省與修正，兩者即是透過實踐需求，達到一儒道會通下的互補聯繫。不過，儘管皆透過反身而誠的存在體認，但馬氏也清楚儒道仍有不同，至少，莊子並不強調一道德主體之挺立，並且是以虛化自我執定，作為修養的基本原則，就此態度與功夫論看來，儒、莊仍是有所區別的。

　　筆者思考，馬其昶應是繼承宣穎、姚鼐的判斷，以〈天下篇〉作為先秦學術特質的總說明，認為「聖有所生，王有所成，皆原於一。」道本同源，對於〈天下篇〉提及「六經」，馬氏引朱子語：

> 莊子於書都理會過，如此數語，字字有著落，後來人如何下得？他止是不肯學孔子，故將道理掀翻說，不拘繩墨，所謂「知者過之」者也。〔註14〕

認為莊子對儒學經典本有認識，只是特作另一思維向度的發展。而先秦諸子之學，亦皆如此，「天下多得一察焉以自好。譬如耳目鼻口，皆有所明，不能相通。猶百家眾技也，皆有所長，時有所用。」諸學雖有不同，但各有其長，

〔註13〕馬其昶《莊子故》頁1～2。
〔註14〕馬其昶《莊子故》頁210。

本應相互包容兼通，否則各執一是，「不幸不見天地之純，古人之大體，道術將爲天下裂。」將不免受困自身侷限，而不知天地道術之全。物本同源，學本同理，一切本殊途同歸，不僅儒學而已，諸學皆應相互涵攝、兼通、與反省。此等思維，皆是馬其昶莊子思想的核心思考，所以馬氏原則上並不避諱儒學之聯繫，而時於注解中加以參酌與討論，在這個詮釋脈絡裡，儒、莊之間雖多少仍有不同，但兩者的衝突已漸得消泯。

值得注意的是，馬氏儘管注解裡有儒學思想之聯繫，但仍有把握儒、莊之間的一些分際。如：

> 不然，夫至仁尚矣，孝固不足以言之。此非過孝之言也，不及孝之言也。夫南行者至於郢，北面而不見冥山，是何也？則去之遠也。〈天運〉頁 99。

注云：

> 其昶案：眞謂仁過於孝，存此分別之見，即非至仁也。不及孝，謂無孝之名，不見爲孝矣。至孝與親相忘，至仁與天下相忘。○郭象曰：冥山在乎北極，而南行以觀之；至仁在乎無親，而仁愛以言之；故郢雖見而愈遠冥山，仁孝雖彰而愈非至理。

至仁，可能意謂著以至大至高的理境來形容德性，但也可能是意謂著無所分別的圓融，不能以一般之概念對其分別與形容。這也意謂，莊子並不特別肯定道德主體挺立，強調道德教化的力量，而是換一種省思作出發，以無所強調、無所區分的圓融，來看待眞性的素樸與圓滿。就這點而言，馬氏頗能把握莊子思想的特性，而不至於曲解附會。

基本上，儒、莊思想就思想體系而言，同源而互補。莊子是入世的思想這一點與孟子一樣。不過其有積極處與孟子不同。莊子體系裡具有兩種層次，一與天爲徒，一與人爲徒。這可看出其面對生命的兩種向度。天的方面，不把人高估，另提一個道，作爲生命價值的核心追求。道，可說是自然，意謂蘊含事物本有的本性與潛能，也就是說，主張退開人類自身意念的干預，體現物之在其自己的力量。就這點而言，孟子強調的是凡人成聖之可能，簡單來說，肯定人的價值。與此不同，莊子不把人高估，並認爲萬物本性就本源價值上來說應是同的，所以物我無分貴賤，皆互能感通。物有生死之自然，人亦如此，故人何憂，人本物之一，本應歸於自然之造化。這也看出，萬物皆有侷限，人亦不例外，而莊子就強調這侷限性在打轉。

　　人有兩種困擾。一種是天然的困境，如生死，一種就是人為地困境，如兵禍。人天生下來本面臨諸多困境，但由以後者之困境最不必要，因為多為人為所引發的自我困擾。在莊子看來，首先以「虛己」作為避免第二種困境困擾的應變，要求虛己順物，與物無傷。然而就算能使物我得以保身，不過仍不免第一種困境的來臨。然莊子在這個困境的一再壓迫下，卻又巧妙的化解這問題，因為困境本身，本是自然。殘缺與否是自然，病痛與否是自然，生死又何嘗不是呢。倘若以自然觀之，則事物總在變化之中流轉，那只是時候到不了的問題，一切本避無可避。

　　這就是「時命」。這時命與孟子不同。孟子講天命，人能掌握，莊子之時命，人不可奈何。一切不可奈何，只能歸於心頭解之。故虛己由保身避禍，跳了一層轉化為心境之釋懷。對一切現實總持續觀察、省思、評估、應對，這是保身避禍，對一切不可奈何　皆坦然接受，這是心境釋懷。此即前頭所云前者以人為徒，後者以天為徒的雙層次思想內容。儒、莊兩者之分際，馬氏並未言明，是其可惜之處，若能釐清，對莊子思想當能有更清楚的把握。

　　不過，儘管馬氏有儒道會通的詮釋色彩，但其卻仍具有一定的注釋效力，而不至於曲解、謬誤，這現象該如何解釋呢？馬氏帶有儒道會通的詮釋風格，但這並不意謂其注釋效力就因此減低，因為中國思想本有儒道會通的對話傳統。再者，由注解的內容來看，馬氏雖以儒莊同旨，皆為經世致用的表達，但也把握住儒莊之間的分際，並不以道德主體作強調，而是以虛化反省、重新面對現實作為莊子思想的核心關懷。且由於文獻學基礎的扎實，與博採群集諸多見解的融通參考，使其注解內容，總能有一定的解釋效度。

　　筆者考察，歷代儒道會通有起源、理論性質、實踐聯繫說等三種會通方式，而馬氏《故》亦從此三方面展開探究。筆者認為造成此結果的原因，一方面是先秦史料本具模糊地帶，而難以定論；另一方面莊子思想體系，本具有吸納、包容其他思想思想的特殊架構，如「因是」、「兩行」的兼容態度；再加上傳統要求經世致用的實踐性考量，便使儒莊互補的現象，成為莊學注釋脈絡中，相當龐大的一個區塊。

　　錢奕華《宣穎南華經解之研究》，曾對儒道關係，作一概括性的史觀描述。〔註15〕其點出自先秦以降，兩漢、魏晉、隋唐、宋、明，無論那一朝代，總

〔註15〕相關論述可參錢奕華《宣穎南華經解之研究》第五章，《南華經解》的特色之一——以儒解莊。錢奕華《宣穎南華經解之研究》（台北：萬卷樓圖書有限

蘊含著著儒、道彼此相互影響的對話聯繫。筆者對此肯認，並有一些學術史思維的補充。筆者認為，秦代以法家為盛，秦覆漢興之後，百家思想呈現復甦的局面，漢初大一統的帝國氣勢，不僅使經濟、軍事、政治得以整合，同時也使文化面有進一步的交流與匯集。如文學面，詩經文學與楚辭文學的交會，孕育出漢賦這般體現漢初大一統氣勢的文體，而思想面，黃老思想正是因應帝國局勢，會通諸家思想以求經世致用的現實抱負。此時儒、道的交流已比《莊子》外雜篇部份篇章來的明顯，不過，此時的匯流，仍屬中國文化發展的早期，學派特色難辨，彼此消融又不夠成熟，故又有雜家之稱。然而這樣的匯流仍屬學術思想史上的一個里程碑，意味著不同學說間理論與實踐面的對話，筆者臆測，也可能是這種會通關係，所以馬其昶於〈序〉中，特別肯定黃老思想的存在。

至魏晉，玄學盛興，莊學得到空前的重視，名教與自然是此時代不斷要求回應的課題，也象徵著儒學與莊學發展的另一磨合時期。至隋唐，不僅儒道有合流現象，此時又添入佛學的文化要素，而有更為豐富的思想面貌。至宋代明代，理學盛興，但對於「自然」、「去執」等莊子概念，亦融貫於理學思想中的境界要求，使得此時的思想，三教思想的融合日趨強烈。從學術思想史脈絡來看，儒、道總一直保持著對話，持續著彼此的相互影響，會通儒道時非個人之選擇，而是每個時代都曾面臨的思想問題。

倘若換個角度，歷代注解中，又有何者真是「以莊注莊」呢？歷代注解不乏以「以莊注莊」的著書理念，但透過實踐，又真有何書是完成這個理念的實現呢？任何一注本，總融入其所處時代所蘊含的文化要素，使其注解過程，無論有意識或無意識，皆注入許多本非莊子本身的理解內容。由此，筆者思考，儒、道本處於兩種相互影響的文化視域，現實中本難去嚴格區分何者為儒者，何者為道家，與其強分兩者，不如承認現實中多數著名學者總接觸此二種思想，並在不同程度上消化、融貫這一產物，而有自己的一套思考。透過馬其昶《莊子故》的研究，儘管含有儒道會通的詮釋脈絡，此書亦能有其注釋效力的確保，吾人不應以「儒道會通」作為成見，在前提上，即斷然排除此類莊學著作的合法性，而是應一併置入文本的文意脈絡，一同參照、檢驗與思考，唯有這種彼此磨合的視域融合，方能使莊子思想由此愈辨愈明。

結　論

　　本研究分別透過知人論事、文獻學、考據學、歷代注解檢驗、文學視角、思想思考等角度對馬其昶《莊子故》作一綜合多種面向的探究。可以總結以下幾點結論。

　　一、桐城學派自姚鼐主張義理、辭章、考據三者為一的治學理念後，能夠具體實現這項原則的人並不多，大抵看來，桐城學派仍以文學發展居多。至於馬其昶，文學有《屈賦微》、《抱潤軒文集》、《抱潤軒續集》、《存養詩鈔》、《佩言錄》、《韓昌黎文集校注》；經學有《周易費氏學》、《毛詩學》、《尚書誼詁》、《禮記讀本》、《大學中庸孝經合誼》等著作；史學有《桐城耆舊傳》、《左忠毅公年譜》，並參與《清史稿》之編纂；諸子更有《老子故》、《莊子故》、《金剛經次詁》等思想探究，著作等身成果極豐。所以近代學者吳孟復研究桐城派時，亦坦言姚鼐的治學理念雖好，然實現的難度其實很高，除姚鼐之外，綜觀桐城學派，恐怕只有馬其昶有達成這種治學理念。就此角度來看，馬其昶之所以被稱為桐城派的殿軍，並非偶然，而是合理的評價。

　　馬其昶之所以能有這種成果，可歸功長久的學思積累，以及家學、師承兩種面相的學思訓練。清代的漢、宋之爭這段歷史，並未持續處於尖銳的衝突狀態，而本有相互消融、兼容的趨勢。等到了清末內憂外患的艱困時期，不僅文網已開，學風逐漸自由開放，桐城後學更已面臨思考如何將所學運用於當世的急迫性。對於各種知識的吸收與融通，皆是為了符應時代需求而有的變化，然而，這也不僅是桐城後學所應思考的問題，其實也是當時知識分子苦思的時代課題。

　　二、《莊子故》一書博採群集達 193 家之多，在王叔岷先生《莊子校詮》著成之前，堪稱採集最博之莊學專著。其之所以有如此成就，在於不囿門戶的開放心態。文獻遍及歷代，思想參合儒、道，不拘漢宋門戶，兼容個學科領域，以及不因人廢言等特色，使其擴大莊學詮釋視野的格局，而能以更廣的視角去體察莊子的思想內容。也由於文獻的多方採集，一方面使其間接保存不少古籍文獻，另一方面也透過大量文獻的比對，其版本、校勘等成果具有一定的參考價值。

　　三、馬其昶有著漢學派的家學脈絡，考據方式在《莊子故》的訓釋方式中多所體現，其中以因聲求義、引申聯繫、審查文例、辨別字音等幾種方式最為常見。至清代，對《莊子》較有處理聲韻材料，除了盧文弨《莊子音義考證》、江有誥《莊子韻讀》與陳壽昌的《南華真經正義》外，就屬馬其昶《莊子故》有作這樣的處理。然而，馬其昶並不侷限於考據學的注解思維，而能跳脫此框架。筆者就二十個疑義問題的提出，參合歷代莊學注解，檢視馬其昶的注釋效力，發現除了四處的解釋，意義有待商榷外，其他注釋多能合理詮釋《莊子》的內文，並彰顯莊子的思想內容。只是，這種詮釋頗為簡要，往往得需其他注本家以參照，方能達到進一步的理解補充與修正。

　　「以訓注莊」一章，雖以漢學考據的家學脈絡切入，也點出馬其昶有著漢學治學的風格與成果，但細究此二十條疑義，吾人將會發現，能夠合理詮解《莊子》，解決其疑義問題的條件，其實並非是以漢學考據方法來為作絕對前提。

　　馬其昶在詮釋《莊子》的過程中，雖秉持漢學考據，對清儒考據內容多所引用，但又不限於漢學考據，而能對歷代注本不同領域的各家見解有所檢驗與吸收，這種立基於開放性的知識揀擇，才是至今仍能合理詮釋《莊子》的根本原因。然而不僅如此，馬其昶的注釋，有從本體論入手，亦有從認識、價值判斷來探究，並總試著切合現實際遇的經驗來作解釋。其理解有從文獻、考據出發，更有從現實際遇、具體實踐來作思考，使《莊子》並非只是書面上的字義探究，而總能提昇為現實存在的真理探求。筆者認為，倘若少了這種生命際遇的聯繫，對莊子的感通就顯得隔閡而困難，故本文在探究文本的疑義時，亦有添入自身際遇的反思，只是這種反思同馬其昶一樣，得與諸家見解相磨合，與《莊子》文本本身相磨合，作為一種持續消融、修正的理解。

　　莊子思想並非流於論理形式上的抽象思辨，它的內容得透過吾人主體生命的注入方能繼續體現，但這種體現過程，雖以自我的生命內容爲基礎，卻是以虛化自我成見與執著下的反省作出發。每當解讀《莊子》，總持續虛化自身的執定，以更大的開放性去檢視自身與諸家見解的有效性，最後並歸於文本與現實狀況，探求是否有理解與實踐的可能。

　　四、進行文獻基礎、字義訓釋的考察之後，本文進入到題解、篇內段落提要的考察。透過題解的探討，可知馬其昶以內七篇爲莊子思想核心，視〈逍遙遊〉爲總旨，後六篇接闡此旨。諸篇多寓言，而〈天下篇〉獨爲莊語。〈寓言〉爲全書之序例，末段篇旨文意則與〈列禦寇〉相合。〈達生〉與〈養生主〉同旨、〈山木〉與〈人間世〉同旨、〈田子方〉與〈德充符〉、〈知北遊〉與〈大宗師〉同旨，外、雜篇當與內篇有歸屬地相互參酌聯繫。

　　而馬氏逐段提要的說明，主要依文意、語境來作判斷，有助於澄清論述的所指對象、內容大意，以及與上下段落的銜接關係爲何。此類引文多屬桐城派文人的意見，主要以文學視角對《莊子》的篇章架構作一釐清、把握，這種論法有別於考據學家的訓釋方式，而是將視角轉換到行文脈落的相對變化，對文體、文意進行考察。雖然非訓詁式的探究，但對於增進讀者的理解條件，也發揮了不少效果。逐段解析，實有助字義概念爲之整合，使思想內容能彼此連結，而成一完整的思想體系。

　　馬其昶「以文解莊」的注解，不僅對於篇章架構做了一種體系上的釐清，也透過這種體系的建構，體現「字義」到「段落」、「段落」與「段落」、「段落」到「篇旨」、「篇旨」與「篇旨」間所存在的「部份與整體」的詮釋學循環。這種文本間不同視角的意義聯繫，成功的鉤勒出莊子思想內容的層次與規模，而使讀者較能清楚地把握莊子內文的主從關係。然而，「雅潔」的注釋風格，雖然也有助於行文脈落的把握，但也由於注釋過簡，也導致詮釋不夠充分的問題，這些都是《莊子故》在表達形式中所存在的限制，閱讀時而應與他書參閱比對，補足其資訊不足之處。

　　五、對於義理闡《莊》，本文透過道論、聖人觀、人性論、虛化工夫等幾種觀點作一視角的切入，藉由不同面相的視角觀察，建構出馬其昶思想體系的具體內容。

　　何謂道？馬氏肯認天地間有道本體根源之存在，是作爲萬物運作的生化法則，能引導事物自身的潛能與本性。然此道非盲求於外，而是得透過主體

虛化，將個人的思維執念退開，讓道自我呈顯於生命之中。體道並非內在執定與獨斷，亦不落於外在客觀事理的追逐，而是主客合一物我合一天人合一，內外上下交攝的一種循環過程。

何謂聖人？馬其昶認為聖人能自覺己身限度，守住分際，不干預不造作而任其自然，就算是死生之際、禍福利害，心志也不為所動。聖人的境界並非將天看成一外在事物，並對其刻意追求，倘若有此心態，則與世俗求物者一樣落入執著、外逐的困境。聖人並不將天人設想為截然二分的絕對對立，正相反，聖人體察出兩者一體不二相容的可能，認為兩者最後無所分別，應彼此循環相應，圓成天人合一的理境。聖人師天，非求於一超出現實人世的抽象思考，而是肯認「道」本在人間，存於各種具體生命處境之中，而有待虛心自省地體察。然而馬其昶也注意到現實的侷限，使聖人亦有不可奈何的地方。第一，儘管聖人有其價值意義，但並不保證其言行不為後人所曲解，或做任何意圖的使用。沒有人能完全預測、甚至控制自己言行可能帶來的影響，原初良善的用意，很可能淪為後代有心人士利用的工具。第二，聖人本不自視為聖，後世之人總欲求聖，倘若不知持續地虛心自省，就算立意良善，也難免落入刻意、執著的心境。

何謂心？馬其昶認為心有兩種層次的使用：一為世俗的成心，二為常心的理境。「成心」可泛指一般世俗所執定的認知、價值判斷，倘若進行「無心」的生命反省，便能使迷悟之際的茫昧逐漸開朗，但此仍屬不穩定的狀態，而有待持續修持，以達到不為物擾的超拔境界，即「常心」的狀態。兩者雖層次不同，但彼此具有境界遞進的聯繫。

何為性？有解為本性、真性、常性等概念，不同於「心」有著不同層次的描述，「性」於書中，皆以質樸、本真等褒義做一肯定的形容。馬其昶指出，人之性，本受命於天地，然此性萬物皆然，非人所獨有，故物我能相互感通。筆者認為，此處明確以存以論角度，點出物我同源天地，也由於性之具足，使人有機會與物相通，甚至感通於天地之道。「性」一方面可以視為人與道相適的存在聯繫，另一方面，也可以進一步思考，由於人皆有性，故人皆有體道的可能。以「性」萬物皆具的說法，亦可視為道本體根源存在的另一說明。馬氏肯認真性常存，不因氣化聚散，生死變化而有所消亡。筆者認為，此真性即為人之存在之價值意義，而此價值即是道的價值，真性即是道，故馬氏多考察性命之真，認為真性的返回，是讓物我各得其所的實現方式。馬氏的

思想體系裡，性本源於道，故本據有與道相通的基本條件，但這只是存有論的說明，就體道實踐來說，仍得以主體心境這一層面，來下功夫。「性」應視爲靜態義的內在根據，而「心」則視爲動態義的實現原則。透過「無心」之功夫，將「成心」超拔爲「常心」，而常心即能回歸、體現眞性，而眞性自能通達天地的生化法則。

　　六、馬其昶帶有儒道會通的詮釋風格，不過，這並不意謂其注釋效力就因此減弱。因爲中國思想本有儒道會通之對話傳統，再者，由注解的內容來看，馬氏雖以儒莊同旨，皆爲經世致用的連結，能把握住儒莊之間的分際，並不以道德主體作強調，而是以虛化反省、重新面對現實作爲莊子思想的核心關懷。且筆者考察，歷代儒道會通有起源、理論性質、實踐聯繫說等三種會通方式，而馬氏《故》亦從此三方面展開注解的聯繫。造成此結果的原因，一方面是先秦史料本具模糊地帶，而難以定論；另一方面莊子思想體系，本具有吸納、包容其他義理思想的特殊架構，如「因是」、「兩行」的兼容態度，總能銷解不同思想家間的見解衝突，再加上傳統要求經世致用的實踐性考量，便使儒莊互補的現象，成爲莊學注釋脈絡中，相當龐大的一個區塊。

　　倘若換個角度，歷代注解中，又有何者眞是「以莊注莊」呢？筆者思考，儒、莊本處於相互影響的文化視域，不只存著儒道會通，亦存著以道解儒的反思傾向，就此文化視域之下，本身就難以理論去嚴格區分何者爲儒者，何者爲道家，與其強分兩者，不如承認現實中多數著名學者總接觸此二種思想，並在不同程度上消化、融貫這一產物，而有自己的一套思考。

　　透過馬其昶《莊子故》的研究，儘管含有儒道會通的詮釋脈絡，此書亦能有其注釋效力的確保，吾人不應以「儒道會通」作爲成見，在前提上，即斷然排除此類莊學著作，而是應一併置入文本的文意脈絡，一同參照、檢驗與思考，唯有這種彼此磨合的視域融合，方能使莊子思想由此欲辨欲明。

　　七、與同時期莊學論著相比，《莊子故》未若王先謙《莊子集解》訛誤甚多而有待修訂，亦未若郭慶藩《莊子集釋》自身見解極少，多錄他人意見，所錄資料亦僅錄郭象、成玄英、《經典釋文》與部份清人意見，宋明學者治莊成果多不取。馬氏《故》的舛誤處並不多，且擁有上述諸多特點，本應具有優勢，然而爲何至今流傳不廣呢？一方面，在於王叔岷先生《莊子校詮》的出現，儼然有莊學集成之勢，使諸書有逐漸汰換的趨勢；另一方面，《莊子故》爲嚴復、錢穆、胡遠濬等人作爲治莊思想之藍本。與其說《莊子故》被時間

洪流所淘汰，毋寧說被後代之治莊思想所吸納，作爲一道底流，細而未絕地
流傳至今。

　　以上七點結論，爲筆者爲期一年的研究成果，然仍有更多可發揮的空間，
而有待補足。這項研究使筆者深刻體會到，莊子注釋學的研究，相當不容易。
尤其是對清儒注釋的考察，由於其個人思想的色彩相當淡薄，彷彿是對辭典
進行思想性的研究。本文唯有透過注釋間的反覆歸納、比對，與歷代莊學注
本的持續參照，方能鉤勒、側寫出此書的學術規模與思想特色，儘管所得有
限，但也算完成了對此書基本的介紹與評價，並使馬其昶莊子思想與治學精
神能爲人所呈顯。最後也由於這項研究，間接試圖解決莊學疑義的相關問題，
也算是對於當代莊子學的思想內容，盡一分文本詮釋的努力。

參考資料舉要

◎ 分馬其昶相關著作、莊學論著、古籍之屬、近現代之屬四大類

◎ 馬其昶相關著作、古籍之屬依四部分法

◎ 莊學論著略依年代為序

◎ 近現代著作之屬，分專書、方法論、學位論文與單篇論文四門，依姓氏筆劃為序

壹、馬其昶相關著作

一、經　部

1. 《周易費氏學》，清·馬其昶撰，台北：新文豐出版社，1989 年出版。

2. 《尚書誼詁》，清·馬其昶撰，文淵閣四庫全書，自印本。

3. 《詩毛詩學》，清·馬其昶撰，台北：廣文書局，1982 年出版。

4. 《大學中庸孝經合誼》，清·馬其昶撰，台北，新文豐出版社，1989 年出版。

二、史　部

1. 《桐城耆舊傳》，清·馬其昶撰，台北：文海出版社，1969 年出版。

2. 《左忠毅公年譜定本》，清·馬其昶編，北京：北京圖書館出版社，1999 年出版，自印本。

三、子　部

1. 《馬其昶著作三種》，清·馬其昶撰，孫維城、劉敬林、謝模楷點校，安徽：安徽大學出版社，2009 年出版。

2. 《莊子故》，清·馬其昶撰，嚴靈峰無求備齋老莊集成，自印本。

3. 《定本莊子故》，清·馬其昶撰，馬茂元編次，合肥：黃山書社，1989 年

出版。

四、集　部

1. 《韓昌黎文集校注》，唐・韓愈撰，清・馬其昶校注，馬茂元編次，台北：漢京文化出版，1983 年出版。

2. 《屈賦微》，清・馬其昶撰，台北，新文豐出版社，1989 年出版。

3. 《抱潤軒文集》，清・馬其昶撰，自印本。

貳、莊學論著

1. 《莊注》，晉・司馬彪撰，孫馮翼輯，茆泮林補正，台北：新文豐出版社，1987 年出版。

2. 《莊子義集校》，北宋・呂惠卿，北京：中華書局，2009 出版。

3. 《南華眞經新傳》，北宋・王雱，自印本。

4. 《莊子口義》，南宋・林希逸，北京：中華書局，1997 年出版。

5. 《南華眞經副墨》，明・陸長庚，台北：自由出版社，出版年不詳。

6. 《莊子翼》，明・焦竑，台北：廣文書局，1979 年三版。

7. 《焦氏筆乘》，明・焦竑，北京：中華書局，2008 年出版。

8. 《莊子內篇注》，明・憨山，台北：新文豐出版公司，2004 出版。

9. 《南華眞經評註》，明・歸有光，台北：自由出版社，出版年不詳。

10. 《藥地炮莊》，明・方以智，台北：廣文書局，1975 年三版。

11. 《莊子通》、《莊子解》，明・王夫之，北京：中華書局，2009 年出版。

12. 《南華經解》，清・宣穎，廣州：廣東人民出版社，2008 年出版。

13. 《莊子因》，清・林雲銘，台北：廣文書局，1968 年出版。

14. 《諸子平議》，清・俞樾，台北：世界書局，1958 年出版。

15. 《莊子集解》，清・王先謙，台北：漢京文化事業公司，1988 年出版。

16. 《莊子集釋》，清・郭慶藩，台北：天工書局，1989 年出版。

17. 《莊子評點》，清・嚴復，無求備齋老莊集成，自印本。

18. 《莊子發微》，鍾泰，上海：上海古籍出版社，2002 出版。

19. 《莊子齊物論義理演析》，牟宗三，台北：書林出版，1999 年出版。

20. 《莊子纂箋》，錢穆，台北：東大圖書公司，1993 年四版。

21. 《莊老通辨》，錢穆，北京：三聯書店，2005 年再版。

22. 《莊子校詮》，王叔岷，台北：中央研究院歷史語言研究所，2007 年四版。

23. 《先秦道法思想講稿》，王叔岷，北京：中華書局，2007 年出版。

24. 《莊學管窺》，王叔岷，北京：中華書局，2007 年出版。

25. 《莊子學案》，郎擎霄，上海：上海書店，1991 年出版。

26. 《莊子詮詁》，胡遠濬，台北：台灣商務印書館，1980 年再版。

27. 《莊子新釋》，張默生，台北：漢京文化事業公司，1983 年出版。

28. 《莊子及其文學》，黃錦鋐，台北：東大圖書，1984 年再版。

29. 《莊學新探》，陳品卿，台北：文史哲出版社，1984 年增訂再版。

30. 《老莊研究》，胡楚生，台北：台灣學生書局，1992 年出版。

31. 《郭象玄學》，莊師耀郎，台北：里仁書局，2002 年修訂版。

32. 《莊子藝術精神析論》，顏崑陽，台北：華正書局，1985 年出版。

33. 《莊學研究》，崔大華，北京：人民出版社，1992 年出版。

34. 《莊子內七篇思想研究》，高柏園，台北：文津出版，1992 年出版。

35. 《莊子哲學及其演變》，劉笑敢，北京：中國社會科學出版社，1993 年出版。

36. 《莊子的生命哲學》，葉海煙，台北：東大圖書，1990 年出版。

37. 《老莊哲學新論》，葉海煙，台北：文津出版，1997 年出版。

38. 《莊子疑義考辨》，張松輝，北京：中華書局，2007 年出版。

39. 《莊子學史》，方勇，北京：人民出版社，2008 年出版。

40. 《成玄英思想研究》，周雅清，台北：新文豐出版社，1986 年出版。

41. 《宣穎南華經解之研究》，錢奕華，台北：萬卷樓圖書有限公司，2000 年出版。

42. 《唐宋類書徵引《莊子》資料彙編》，何志華、朱國藩編著，香港：香港中文大學出版社，2006 年出版。

參、古籍之屬

一、經 部

1. 《毛詩傳箋通釋》，清‧馬瑞辰，台北：廣文書局，1999 年再版。

2. 《春秋左傳補注》，清‧馬宗璉，皇清經解，自印本。

3. 《說文解字注》，東漢‧許慎，台北：漢京文化事業，1985 年出版。

4. 《廣雅疏證》，清‧王念孫，北京：中華書局，2004 年再版。

5. 《經義述聞》，清‧王引之，台北：台灣商務印書館，1979 年出版。

6. 《經傳釋詞》，清‧王引之，台北：台灣商務印書館，1967 年出版。

二、史 部

1. 《清儒學案》，清‧徐世昌編纂，北京：中華書局，2008 年出版。

2. 《清史稿》，趙爾巽編，台北：新文豐出版社，1981 年出版。

3. 《道咸同光四朝佚聞》，金梁，台北：廣文書局，1978 出版。

三、子　部

1. 《四書章句集注》，南宋・朱熹，台北：大安出版社，1996 出版。
2. 《困學紀聞》，南宋・王應麟，遼寧：遼寧教育出版社，1998 年出版。
3. 《讀書雜志》，清・王念孫，台北：廣文書局，1970 年出版。
4. 《札迻》，清・孫詒讓，北京：中華書局，2006 年出版。

四、集　部

1. 《五雜組》，明・謝肇淛，上海：上海書店出版社，2001 年出版。
2. 《曾文正公全集》，清・曾國藩撰，楊家駱主編，台北：世界書局，1985 年出版。
3. 《桐城吳先生尺牘》，清・吳汝綸，台北：文海出版社，1969 年出版。
4. 《太炎文錄初編》，清・章炳麟，台北：新陸出版社，1970 年出版。
5. 《胡適書信集》，胡適撰，耿云志、歐陽哲生編，北京：北京大學出版社，1996。

肆、近現代著作之屬

一、方法論

1. 王欣夫，《文獻學講義》，台北：台灣商務印書館，1992 年出版。
2. 王叔岷，《斠讎學》，台北：中央研究院歷史語言研究所，1995 年修訂版。
3. 林師安梧，《人文學方法論：詮釋的存有論探源》，台北：讀冊文化，2003 年出版。
4. ﹝澳﹞約翰・巴斯摩爾著，洪師漢鼎、陳波、孫祖培譯，《哲學百年》，北京：商務印書館，1996 年出版
5. 洪師漢鼎，《當代哲學詮釋學導論》，台北：五南書局，2008 年出版。
6. 洪師漢鼎，《當代分析哲學導論》，台北：五南書局，2008 年出版。
7. 梁啓超，《中國歷史研究法》，台北：里仁書局，2000 年出版五刷。
8. 張舜徽，《中國古代史籍校讀法》，台北：里仁書局，1988 年出版。
9. 傅偉勳，《從創造的詮釋學到大乘佛教》，台北：東大圖書，1999 年再版。
10. 勞思光，《思想方法五講新編》，香港：香港中文大學，2000 年出版。
11. ﹝德﹞漢斯・格奧爾格・伽達默爾著，洪師漢鼎譯，《真理與方法》，北京：商務印書館，2007 年出版。
12. 錢穆《中國歷史研究法》，台北：東大圖書，2005 年出版。
13. 嚴耕望，《治史經驗談》，台北：台灣商務印書館，2008 年出版。

二、專書之屬

1. 王淮，《老子探義》，台北：台灣商務印書館，1969 年出版。

2. 王獻永，《桐城文派》，北京：中華書局，1992 出版。

3. 方爾文主修，汪福來主編，《桐城文化志》，合肥：安徽人民出版社，1992 年出版。

4. 王邦雄，《中國哲學論集》，台北：台灣學生書局，2004 年出版。

5. 牟宗三，《中國哲學的特質》，台北：學生書局，1998 年再版。

6. 牟宗三，《中國哲學十九講》，台北：學生書局，1983 年出版。

7. 牟宗三，《才性與玄理》，台北：學生書局，1983 年出版。

8. 牟宗三，《原善論》，台北：學生書局，1985 年出版。

9. 牟宗三，《宋明理學的問題與發展》，台北：聯京出版社，2003 年出版。

10. 安徽省地方志編纂委員會編，《安徽省志叢書》，北京：方志出版社，1998 年出版。

11. 吳孟復，《桐城文派述論》，安徽：安徽教育出版社，2001 二版。

12. 屈萬里，《尚書集釋》，台北：聯經出版社，2003 年出版。

13. 周中明，《桐城派研究》，瀋陽：遼寧大學出版社，1999 出版。

14. 林師安梧，《新道家治療學》，台北：台灣商務印書館，2006 台灣出版。

15. 洪文婷，《毛詩傳箋通釋析論》，台北：文津出版社，1993 年出版。

16. 桐城縣地方志編纂委員會編，《桐城縣志》，合肥：黃山書社，1995 年出版。

17. 孫雨航輯，《近四百年來安徽學人錄》，台北：愧我生廬叢著，1965 年出版。

18. 唐君毅，《中國哲學原論：原道篇》，北京：北京社會科學出版社，2006 年出版。

19. 徐復觀，《中國藝術精神》，台北：學生書局，1966 年出版。

20. 徐復觀，《中國人性論史》，台北：台灣商務印書館，1969 年出版。

21. 馬積高，《清代學術思想的變遷與文學》，長沙：湖南出版社，1996 年出版。

22. 袁保新，《老子哲學之詮釋與重建》，台北：鵝湖學術，1991 年出版。

23. 梁啓超，《中國近三百年學術史》，台北：里仁書局，1995 年出版。

24. 陳榮捷，《王陽明與禪》，台北：台灣學生書局，1984 年出版。

25. 張師亨，《思文之際論集》，台北：允晨文化，1997 年出版。

26. 陳祖壬，《桐城馬先生年譜》，北京：北京圖書館出版社，1999 初版。

27. 陳來，《有無之境：王陽明哲學的精神》，北京：北京大學出版社，2006年出版。

28. 劉聲木，《桐城文學淵源撰述考》，合肥：黃山書社，1989年出版。

29. 劉師笑敢，《老子》，台北：東大圖書，2005年再版。

30. 劉仲華，《清代諸子研究》，北京：人民大學出版社，2004出版。

31. 錢穆，《先秦諸子繫年》，台北：東大圖書，1999年三版。

32. 錢穆，《中國近三百年學術史》，台北：台灣商務印書館，1995年再版。

33. 錢基博，《現代中國文學史》，台北：文海出版社，1981年出版。

34. 戴君仁，《梅園論學續集》，台北：藝文印書館，1974年出版。

35. 戴君仁，《梅園論學三集》 台北：台灣學生書局，1979年出版。

三、學位論文之屬

1. 余姒倩，《宣穎《南華經解》儒、道性格蠡測 —— 以道為核心展開》，桃園：國立中央大學中文所碩士論文，2002年。

2. 吳肇嘉，《莊子應世思想研究》，桃園：國立中央大學中文所博士論文，2008年。

3. 邱惠芬，《胡承珙馬瑞辰陳奐三家詩經學研究》，台北：國立台灣師範大學國文系博士論文，2003年。

4. 施依吾，《莊子修養論工夫次第研究》，桃園：國立中央大學中文所碩士論文，2004年。

5. 陳琪薇，《清代學者「以儒解《莊》」之研究》，南投：國立暨南大學中文系碩士論文，2002年。

6. 劉邦治，《馬瑞辰毛詩傳箋通釋研究》，台北：東吳中文系碩士論文，1989年。

7. 鄭柏彰，《錢穆先生莊子纂箋及其莊子學研究》，嘉義：國立中正大學中文所碩士論文，2003年。

8. 賴仁宇，《王先謙莊子集解義例》，台北：國立台灣師範大學國文系碩士論文，1976年。

四、單篇論文之屬

1. 王金凌，〈《莊子・齊物論》釋義〉，《輔仁國文學報》第16期，台北：輔仁大學中文系，2000年。

2. 王志楣，〈《莊子》逍遙義辨析〉《政大中文學報》，第八期，台北：國立政治大學中文系，2007年。

3. 王曉平，〈馬瑞辰《毛詩傳箋通釋》的訓釋方法〉，《中國經學史論文選集》，台北：文史哲出版，1993年出版。

4. 呂珍玉，〈馬其昶《毛詩學》研究〉，《興大中文學報》，二十五期，台中：國立中興大學中文系，2009 年。

5. 周雅清，〈齊物論詮釋及其疑義辨析〉，《中國學術年刊》，第二十七期，台北：國立臺灣師範大學國文研究所，2005 年 。

6. 孫維城，〈馬通伯《抱潤軒文集》《遺集》墓誌、壽序類淺評〉，《安慶師範學院學報》（社會科學版），24 卷 5 期，安徽：安慶師範學院，2005 年。

7. 徐國能，〈桐城派杜詩學析探——以姚鼐、方東樹爲核心〉，《中國學術年刊》，第三十期，台北：國立臺灣師範大學國文研究所，2008。

8. 馬耘，〈論莊子哲學中「政治」之意義與地位〉，《止善》，第七期，台中：朝陽科技大學通識教育中心，2009 年。

9. 陳煒舜，〈林雲銘《學年莊子因》初探——以「歸莊入儒」及「文理相通」爲論述中心〉，《東吳中文學報》，第十五期，台北：東吳大學中文系，2008 年。

10. 黃忠慎，〈馬瑞辰《毛詩傳箋通釋‧雜考各說》三文析論〉，《明道通識論叢》第五期，彰化：明道管理學院，2008 年。

11. 莊師耀郎，〈怎樣讀〈大宗師〉〉，《國文天地》，第 265 期，台北：國文天地雜誌社，2007 年。

12. 程瑩，〈馬瑞辰《毛詩傳箋通釋》的訓詁特色〉，《樂山師範學院學報》，二十二卷第一期，四川：樂山師範學院，2007 年。

13. 熊雋，〈論馬其昶的以儒解《莊》〉，《湖北大學學報》（哲學社會科學版），三十六卷第二期，湖北：湖北大學，2009 年。

14. 鄭吉雄，〈逍遙遊義蠡論〉，《中國文學研究》，第五期，台北：國立台灣大學中國文學研究所，1991 年。

附錄　桐城馬先生年譜簡表 [註1]

　　馬其昶，字通伯。其師吳汝綸取北齊顏黃門詩，名其讀書之室曰抱潤軒，故學者稱馬氏爲抱潤先生。其先出六安趙氏，之先實固始祝氏。明永樂間有趙驥者，贅桐城馬氏，遂承馬祀居桐城，五傳至太僕寺卿孟禎，立朝有聲，與左光斗爲道義交，忠毅遘黨禍，以妻孥屬，慨然任之，且以曾孫女嫁其長孫，坐奪官歸。馬其昶爲太僕十一世孫，曾祖邦基，贈議大夫；祖樹章，太常寺典簿；父起升，議敘同知；母張恭人。

【西元】	
1855	咸豐五年。馬其昶生於桐城縣東鄉官塘王姓宅，時洪楊亂方熾，桐城陷，馬樹章由城內延陵市避居官塘。初馬樹章同產二人，兄名樹華，官河南汝甯府通判，子二，長霍邱，縣訓導，名起泰，次名起益。霍邱承大宗早卒無子，當立後，而起益尚幼。通判常從容語典簿，它日乞若長孫嗣起泰，樹章敬諾，未幾，馬樹華在籍殉難，至是馬其昶遂以馬樹章命出繼大宗，爲馬霍邱後。
1862	同治元年。八歲。歸桐城，從蘇求莊讀書。
1863	同治二年。九歲。馬樹華殉難事聞，卹給雲騎尉世職，馬其昶以承重孫襲焉。
1864	同治三年。十歲。嗣母吳孺人卒。是年曾國藩克復金陵，洪楊亂平。
1865	同治四年。十一歲。聘夫人張氏。祖父馬樹章卒。

〔註 1〕此節筆者節錄自陳祖壬所編的民國間稿本。就稿本自身描述，此年譜尚未完成，末處尚有兩頁資料待補，不過，據陳氏云，此草稿已由馬仲立轉交馬其昶閱過，隔年，馬其昶方逝世。此外，將〈年譜記載〉與《抱潤軒文集》的相關紀錄作對照，紀錄多相合。所以此年譜，應較《桐城縣志》、《桐城文化志》的資料信度來的更高。陳祖壬《桐城馬先生年譜》（北京：北京圖書館出版社，1999 初版）

1868　同治七年。十四歲。聘夫人張氏殤。先是城中官亭廬舍胥毀於兵，而延陵市先生家故居獨存，馬樹章乃捐爲邑人試院，至是還桐城，買宅於西門大街居。

1873　同治十二年。十九歲。始應鄉試。聘夫人姚氏。

1874　同治十三年。二十歲。師事吳汝綸、方宗誠。吳先生詔馬其昶多讀周、秦、兩漢書，毋作宋人語；方先生則曰，文不衷理道，則其用褻，宜本經史體諸躬旁及大儒名臣論著。馬氏生平持躬謹嚴爲文，湛深經術，不涉凡近，蓋本兩先生之學。

1875　光緒元年。二十一歲。赴江寧應試。時武昌張裕釗主講鳳池書院，吳汝綸爲書介馬氏從之遊，且以詩「有得之桐城者，宜還之桐城」語，張見之大喜，爲詩答吳，以爲得馬氏晚。而馬氏深目韜閟以炫鬻爲恥。

1881　光緒七年。二十七歲。始遊京師。痛世風之嫭靡，由於在上者不能化民成俗，作〈風俗論〉以箴之。與鄭東父、孫仲垣、譚叔裕、吳宓交。

1883　光緒九年。二十九歲。編《左忠毅公年譜定本》。母張恭人卒。

1884　光緒十年。三十歲。馬其昶既出嗣大宗居所生母憂不能盡哀，故文多及爲人後者蓋隱痛。讀《禮》，作〈爲人後辨〉、〈爲人後者其妻爲本生父母辨〉、〈庶子爲其母黨服辨〉、〈爲長子服辨〉、〈葬期論〉等文章。

1886　光緒十二年。三十二歲。撰《桐城耆舊傳》。

1887　光緒十三年。三十三歲。邑人汪正宣，巫也，挾禍福邪說干大府，大府授意縣令姚靜庵舉汪孝子，馬氏貽書爭之，事得寢。

1888　光緒十四年。三十四歲。父馬起升卒，馬其昶鮮兄弟當兼祧，而所後祖馬樹華幼子起益已有子，四人乃投牒大府，請題奏准還本生，以所襲世職即馬樹華遺產歸起益子其昂，俾承馬霍邱祀。

1891　光緒十七年。三十七歲。納側室劉氏。與姚永樸、姚永概論學。

1894　光緒二十年。四十歲。納側室韓氏。《莊子故》寫成。

1895　光緒二十一年。四十一歲。側室劉氏生長男根碩。

1897　光緒二十三年。四十三歲。主講盧川潛川書院，教學者以治經爲本。同時，于方伯奏核全皖賦額查報荒畝，有司奉行不善，清畝之田不問肥瘠概令加額，馬氏貽書論之，事得寢。而戶部復議提州縣平餘，馬氏以爲平餘者，牧令所資以養廉，一旦奪之，不肖者必巧取於民以償，國家所得幾何，而民困乃滋甚，適于方伯有乞休意，乃再貽書勸其以去就爭此議。

1899　光緒二十五年。四十五歲。側室韓氏生次男根偉。成《周易費氏學》。與陳三立定交。

1901　光緒二十七年。四十七歲。合肥督部李經羲迎馬氏課其二子國松、國筠於里。國松字木公，光緒丁酉舉人四品卿銜支部郎中，治古文，爲馬氏入室弟子。

1902　光緒二十八年。四十八歲。朝廷懲甲午、庚子之敗，銳意變法自強，求
　　　人才開經濟特科，周尙書時撫山東應詔之，馬氏辭不赴試。同年吳汝綸
　　　自日本考察還，欲與馬氏會商桐城興學，事未幾，病故。

1903　光緒二十九年。四十九歲。門人李國松仿泰西法，別築講舍，馬氏名之
　　　曰集虛草堂。

1904　光緒三十年。五十歲。周尙書巡撫山東擬聘馬氏主山東高等學堂，馬氏
　　　再辭。門人李國松取馬氏所著諸書，刻入集虛草堂叢書。

1905　光緒三十一年。五十一歲。《屈賦微》成。

1909　宣統元年。五十五歲。安徽巡撫朱經田以碩學通儒薦之，馬氏不起。同
　　　年，門人葉玉麟前來受業。

1910　宣統二年。五十六歲。馬氏應學部招，赴京師編《禮記節本》成。同年，
　　　吏部考驗續到人才，交遊及門弟子羣促馬氏出且爲著籍，馬氏不得已，
　　　詣部奉旨以學部主事用，旋補總務司主事。時朝廷頒九年立憲之諭，厲
　　　行新政，財用浩繁，官民交困，醇親王攝政，以母弟貝勒戴洵、戴濤綰
　　　海、陸軍。馬氏憂之，乃上萬言疏，謂四海困窮，天祿允終，裕國當興
　　　實業厚民生，不宜竭澤而漁，變法當以實心行實政，不宜皮傅西學，而
　　　皇上幼沖，宜典學以培聖德，監國重任宜近端人以固邦本，兩貝勒有志
　　　從軍，宜出洋求學，儲爲大用，不宜驟綰兵符，膺重寄有格之者。然不
　　　獲上聞。

1911　宣統三年。五十七歲。充圖書局編纂法律館顧問。同年，武昌革命事起，
　　　袁世凱逼宮遜位。馬氏遂歸。

1912　民國元年。五十八歲。邑人舉馬氏爲縣議會議長。

1913　民國二年。五十九歲。馬氏又被舉爲安徽省議會議員。安徽高等學校聘
　　　馬氏爲校長。

1914　民國三年。六十歲。京師法政學校聘馬氏爲教務主任。五月，任參政院
　　　參政。

1915　民國四年。六十一歲。袁世凱命其黨徒唱設籌安會議，更國體擁袁爲帝，
　　　改元洪憲，馬氏爲書止之，辭婉而義正。袁氏不省，遂棄官歸。《金剛經
　　　次詁》成。

1916　民國五年。六十二歲。蔡鍔稱兵雲南討袁世凱。會袁世凱殂，黎元洪繼
　　　任總統，國務院總理段祺瑞聘馬氏爲顧問。清史館長趙爾巽復聘馬氏總
　　　纂史事，乃再入京師。《詩毛詩學》成。

1917　民國六年。六十三歲。居史館，同館爲文多蕪雜顧自詭，甲科不欲爲，
　　　馬氏下。館長趙尙書，以吏能起家，其治史一如治官文書，徒震馬氏名，
　　　敬禮有加而不能用，故馬氏雖名總纂，實未嘗董理其事，但自纂〈儒林〉
　　　〈文苑〉兩傳而已。

1918　　民國七年。六十四歲。教育部聘馬氏審定學術。陳祖壬請業於馬氏。

1919　　民國八年。六十五歲。《老子故》成。

1924　　民國十三年。七十歲。刻《抱潤軒集》成。

1925　　民國十四年。七十一歲。由段祺瑞聘爲政府顧問。八月，夫人姚氏卒。
　　　　清史垂成，然疏陋特甚，體例謬誤，文字凡冗無論矣，即去取亦漫無意
　　　　義，頗有例：當立傳，以聞見所不及而遺之者；亦有不足輕重之人，徒
　　　　據宣付史館舊案或緣其子姓之請，託在館諸人之私暱浮辭瑣行累牘不休
　　　　者。馬氏以爲一代之史，所關至宏鉅，不廣加蒐采，愼其予奪，將何以
　　　　信後世。趙尙書既不用馬氏言，即承修之文亦間有損益，馬氏意不樂，
　　　　屢求去，趙維縶甚殷，至是有姚夫人之喪，馬氏復偶患腳氣，遂稱疾不
　　　　出，趙仍月致俸錢，馬氏堅卻之。

1926　　民國十五年。七十二歲。歸里養病。

1927　　民國十六年。七十三歲。臥病桐城。《尙書誼詁》成。

1928　　民國十七年。七十四歲。陳祖壬編年譜，由馬仲立轉呈馬氏。

1929　　民國十八年。馬其昶卒於桐城，享年七十五歲。

跋

　　在碩士畢業時，我瞭解這本碩論有很多不成熟的地方。所謂不成熟，並非妄自菲薄，而是一種自知之明。這論文裡頭，有些東西被誇大，有些東西則論的太淺。比起具體的錯誤，片面理解以及似是而非的東西往往更加危險。我對此感到深深不安。此外，也承認馬其昶之思想，融入了不少我自身之思想與理念，未必就是馬其昶真的所述說的東西。所以呢，要修這論文，顯然是困難的，更沒想過後來還會出版。

　　不足之處大致有幾個方面。一是關於馬其昶與後代注本之關係，未作具體而深入的探討。二是漢學治學，僅點到為止，而訓釋效力佔最大篇幅，然其判斷是否公允，我其實並沒把握。三是以文治莊寫的太淺，完全不能體現文學之深度與力量。義理闡莊或許是比較自信的地方，但是那究竟是我的思想，還是馬其昶的思想，其實也分不清楚了。然而，這論文就真的毫無價值了嗎？我想也未必。

　　關於桐城派義理思想之研究其實很少，對於馬其昶個人之探討，更是鳳毛麟角。這本論文至少能對其人其書，作一詳細的背景介紹，如果安徽桐城之人欲瞭解這段過去，這書還是可以看的。而就馬其昶思想而言，雖然有諸多不足之處，但我相信，如果真有人寫一樣題目，恐怕也未必能超出這論文多少（不過或許能達到一些修正之功能）。所以我才在四年後進行修訂，毅然決然地選擇出版。

　　經歷了四年多博士班的學習，有許多意想不到的經歷與變化。這期間，我從莊學研究，走向易學研究。這不單是論文方向的轉變，裡頭其實也有心境理念的轉折。不過，這並不意謂對莊子的離棄，在四年後重讀莊子，依舊

一見如故，理解如故親切如故。

感謝花木蘭出版社給予機會出版此書，更感謝莊耀郎老師的關心與推薦。雖然這些年往來平淡，然我深深理解莊師對我其實相當看重，對於我不成熟之處，莊師總是諸多包容與體諒，我對此感念不已。所以在出版之際，於此致上誠摯之謝意。